米粉があれば！

パンも　おかずも　おやつも極上

沼津りえ

JN055184

主婦の友社

手間なし、簡単！

コツいらずで失敗なし！

そして、味は極上！

はじめに

米粉が初めてのかたでも、使ってみるとすぐに米粉の便利さに気づかれると思います。
小麦粉のようにふるう必要はないし、まぜるとすぐになじみ、手軽にとろ〜り、もちもち、ふんわりの食感を味わうことができます。

この本では、それだけではない米粉の魅力を存分にお伝えしたくて、なるべく米粉以外の粉類を使わないことにこだわりました。米粉以外に使用した粉は、かたくり粉とオオバコのみ。
さらに、米粉ならではの特性や本質を生かし、うまみ調味料はいっさい使わず、ふだん使いの調味料や材料だけを使うことにしました。
その結果、米粉の力を最大限に引き出したレシピに仕上がっていると思います。

米粉だから使いやすい
米粉だから作りやすい
米粉だからおいしくなる

パンもおかずもおやつも、
簡単でおいしい！
米粉の魅力あふれる料理の数々をぜひお楽しみください。

沼津りえ

米粉があれば健康的で、格別な味わいの料理に！

米粉はおいしい料理ができるだけでなく、使うメリットもたくさんあります。
米粉についてちょっと知るだけで、料理の幅が広がるのはまちがいありません。
米粉の特徴やメリットなど、もっと知ってほしい米粉のことをお話ししていきましょう。

米粉を使うメリットの1つが、さまざまな食感を作り出せること

米粉は「もっちり」した食感というイメージが強いと思いますが、それだけではありません。
調理法や材料の組み合わせなどで、食感を変えることができるのです。

どんなレシピでも米粉があれば！

私は長年、米粉のメニューや、米粉パンやスイーツのレシピ開発にとり組んできましたが、いつも「米粉はすごい」と驚いているのがその多様性です。
たとえば献立を考えるとき、調理法、食感、味などを考慮して、組み立てていきます。小麦粉をといてカリッと揚げて、こっちはかたくり粉でふんわりとろみをつけて……といった感じです。ところが、米粉は、さまざまな粉のかわりに使えるので、ほかの粉を用意しなくても衣にもなるし、とろみづけもできます。でき上がりはもっちりでも、ふんわりでも、カリッとでも自由自在。ほんとう？と思われたかたのために、この本の中から、バラエティー豊かな米粉料理を少しだけピックアップしてみましょう。

もっちり！　　　　ふんわり！　　　　とろ〜り！　　　　カリッと！

もっちりした食感は、米粉の真骨頂。花巻(44ページ)で、もっちり感を存分に味わって！

しっとりふんわりしている米粉のシフォンケーキ(106ページ)。

とろみづけは、米粉の得意分野です。えびのチリソース煮(68ページ)も、やさしいとろみに仕上がりました！

カリッとしたピザ(49ページ)も米粉で！

「もっちり」もいろいろ食感を楽しもう！

米粉を使った料理の「もっちり」感も、実はとても幅広いもの。「少しもっちり」「ねっとりするほどもっちり」などなど、同じ米粉なのにこんなにバラエティーに富んだ風味を出せるのかと、感心してしまいます。ぜひ料理ごとにお好みの「もっちり」度を見つけてみてください。

米粉って？

うるち米を粉にしたもので、「上新粉」よりも粒子がこまかいものを一般的に「米粉」と呼んでいます。もち米を粉にしたものには「白玉粉」や「もち粉」があり、うるち米ともち米を粉にしてブレンドしたのが「だんご粉」です。

まだまだあります！　米粉の魅力

ここで紹介すること以外にも、くどくなく、クセがないので和・洋・中を問わず、
どんな料理にも使え、かむとほのかな甘みがあるなど、数多くの米粉推しポイントがあります。

アミノ酸スコアのバランスがいい！

アミノ酸スコアは、必須アミノ酸(体内で作ることができないため、食事でとらなければならないアミノ酸)とたんぱく質のバランスをあらわす数値で、米粉のほうがバランスよく、より多くの栄養素が含まれていることがわかります。

アミノ酸スコア	
精白米	**65**
小麦	**41**

小麦粉よりもGI値が低い！

小麦粉に比べて米粉のほうがGI値(Glycemic Index)が低く、食後の血糖値の上昇がおだやかです。満足感が高いので食べすぎにならず、ダイエットにも向いています。

初めてでも失敗なし！

米粉を使った料理は、「コツいらず」です。グルテンがないので、小麦粉のようにまぜるタイミングやまぜすぎに気をつかうこともありません。

料理の時短ができる！

お菓子を作るときでも、小麦粉のようにふるう必要はありません。ほかにも、料理にそのまま振り入れたり、水にとかないで使えたり、ひと手間が不要になるので時短ができます。

油の吸収率が低い！

油の吸収率は、米粉が21％、小麦粉が38％で、小麦粉よりも油の吸収率が低く、同じ揚げ物をしてもサクサク感が長続きします。
＊出典：農林水産省「米粉をめぐる状況について」より

グルテンフリー

米粉はグルテンがないので、小麦粉で作った料理よりも消化しやすく、胃がもたれません。胃腸にやさしいグルテンフリー食品で、グルテンアレルギーのかたも安心です。

粒子のこまかさでしっとりふんわり！

米粉の粒子はこまかいので、お菓子はきめこまかくふんわりとした仕上がりに、パンはしっとりなめらかになります。

上品なとろみ

小麦粉やかたくり粉のとろみと違い、米粉でつけたとろみは口当たりがまろやかです。ダマになったり、冷えて固まったりしないので、上品なとろみをずっと味わうことができます。

「もったり系」「さらさら系」「パン用」
この本で使う米粉の種類は3つ

今回、この本で使った米粉の種類はもったり系、さらさら系、パン用の3つです。
3つをまちがいなく使い分ければ、失敗なく、おいしい米粉料理ができます。
まずは、ご自宅の米粉の種類をチェックしてみましょう。

市販の米粉にはさまざまなタイプが

もったり系

もったり系

もったり系

さらさら系

さらさら系

さらさら系

パン用米粉
「ミズホチカラ」という品種で、パンに向いている米粉です。
PART2では、この品種の米粉を使用したレシピもあります。

もったり系、さらさら系の米粉を使い分け

米粉チェック

米粉に同量の水を入れてまぜる

↓

左は「もったり系」、右は「さらさら系」

米粉は同じように見えても、もととなる米の品種や粒子の大きさなどで性質が違ってきます。この本では、米粉を便宜上「もったり系」「さらさら系」「パン用」の3種類に分けて、その特徴を生かしたレシピをご紹介しています。「米粉（もったり系）」や「米粉（さらさら系）」、「米粉（ミズホチカラ）」と表記し、それぞれの米粉を使った料理となっていますので、ご注意ください。
では、「パン用」の「ミズホチカラ」以外をどうやって見分けるのかというと、「もったり系」と「さらさら系」は、パッケージでは判断できず、購入後に判断します。
左の写真を見てください。2種類の米粉を用意して、同量の水を入れてかきまぜると、左はもったり、右はさらさらになりました。ご自宅のものがどちらになるかによって、使い方が少し違ってきます（右ページ参照）。

米粉をもっとおいしく使うために

米粉を使った料理をおいしくするために、また、ずっとおいしく食べるために、
この本で使用した材料や保存方法など、覚えておいてほしいことがいくつかあります。

さらさら系または もったり系の米粉どちらか 一方しかないときの使い方

米粉がさらさら系、もったり系どちらかしかない場合の分量です。＊「ミズホチカラ」を使用するレシピは、必ずミズホチカラの米粉をご用意ください。

[さらさら系をもったり系のかわりに使うとき]

●とろみづけに使う場合(酢豚、えびチリなど)…さらさら系のほうが粘性があるので、水分を大さじ1加えると、もったり系と同じような感じになります。
●粉物にまぜる場合(お好み焼き、チヂミなど)…食感やまぜたときの状態は多少変わりますが、同じ分量で大丈夫です。水分を大さじ1加えてもOKです。
●つけるだけ・まぜるだけの場合(から揚げ、とんカツなど)…同じ分量でOKです。
●レンジ加熱して使用する場合(ギョーザ、ピタパン、うどんなど)…もったり系と同じ分量・作り方で大丈夫ですが、食感が少しやわらかめになります。

[もったり系をさらさら系のかわりに使うとき]

●ふんわりした菓子(ロールケーキ、オムレットなど)…ふくらみ方が少し減りますが変更なしでも作れます。ただし、水分を加えて作るお菓子(シフォンケーキ、マフィンなど)は、さらに水分を大さじ1加えると作りやすく、ふくらみやすくなります。
●ドーナツ類…水分を大さじ1加えてください。
●さくさくした菓子(クッキーなど)、しっとりした菓子(ベイクドチーズケーキなど)、レンチンする菓子(蒸しパンなど)…食感は少し変わりますが同じで大丈夫です。

米粉はきちんと計量しよう!

米粉の分量をしっかり守ること、これは大事なことです。米粉と水分量のバランスが悪くなると、おいしくできなくなります。最初は分量どおりにして、それから好みで変化をつけていってみてください。

米粉を購入するときの注意

米粉と書いてあるものでも、グルテンが添加された粉も多くあります。米粉を購入するときは、パッケージをしっかりチェック! この本では、グルテンを添加していない、米粉100%のものを使用しています。グルテンを添加している粉だと、水分量などが変わりますのでご注意くださいね。

食物繊維豊富なサイリウム

PART2の型を使わず成形するパンにのみサイリウムを使用し、成形しやすくしています。サイリウムはオオバコの種皮で、低糖質でグルテンフリー。水分を吸うとゼリー状にふくらんで腹もちがよく、食物繊維が多いので、ダイエットや便秘のときにいいといわれています。製菓材料専門店やインターネットの通販サイトで手に入ります。

米粉の保存方法

粉類は湿気を吸収しやすく、カビやダニが発生することもあります。開封後はしっかりとパッキンのついた保存びんや密閉容器に入れて保管し、なるべく早く使いきりましょう。
常温保存で大丈夫ですが、適した場所がない場合は冷蔵保存も可能です。ただ冷蔵の場合は、使うときと冷蔵庫に入れているときの温度変化で、結露がつくこともありますので、しっかりと密閉しておくことが大切です。

ごはんに米粉をプラス

ごはんを炊くときに、米粉をプラスするとモチモチの炊き上がりになります。通常どおりに米を洗って水を入れ、米粉を加えるだけ。180㎖(1合)に大さじ1が目安ですが、好みの分量を見つけてください。PART3の料理との相性もばっちりです。

米粉Q＆A

米粉の料理について、料理教室の生徒さんなどから質問を受けることがあります。
よく聞かれることの中で、この本で紹介しているレシピにも関連することをご紹介しましょう。

Q 小麦粉やかたくり粉のかわりに米粉を
使うときの分量は、同じでいいですか？

A 同じと考えていいのですが、米粉の種類によって性質が
違います（6ページ）。使う米粉の種類を確認のうえ調整
してみてください。とろみがかたくり粉よりも強く出る
こともありますので、少なめで試してみるといいですよ。

Q フリッターなど、米粉の衣で揚げるとき、
カラッと揚げる方法はありますか？

A 衣がねっとりしてしまう場合、少し多めの油で揚げると
いいですね。そして、固まるまでなるべくさわらないこ
と！ 鍋底に衣がくっつくと中のほうに油が入り、ねっ
とりとした感じが出てきます。油の吸収率が小麦粉より
も低いので、上手に揚がると、外はカリッとし中はふん
わりします。

Q 冷凍した米粉パンを
解凍して切るときに、
うまくいかないの
ですが……。

A 解凍してしまうと、表面の氷が
とけてべたついてしまうことが
あります。解凍しきってしまわ
ずに半解凍程度で切るか、冷凍
する前に切って1切れずつラッ
プで包み、保存袋に入れて冷凍
するといいでしょう。そのうえ
で、必要な分だけとり出し、解
凍せずにそのままトースターで
焼くとおいしく食べられます。
また、再冷凍をすると、味や食
感が悪くなりますので、1回に
食べられる量を小分けにするこ
とをおすすめします。

Q 米粉を
打ち粉にして使うとき、
分量の制限は
ありますか？

A 米粉の場合はグルテンがありま
せんので、必要以上につくこと
はありませんが、つけすぎると
食感も変わります。様子を見な
がら、少しずつ使用してみてく
ださい。

Q オムレツや卵焼きの
焼き上がりがかたいので、
もう少しふんわりさせたい
ときは?

A 米粉の種類によっても仕上がりが変わってきます。米粉効果で破れにくくしているので、米粉を減らすよりも、少し水分をふやしてみるといいですね。慣れてきたら米粉も減らしてみてください。

Q 米粉で作った料理の
保存方法を教えてください。

A 米粉を使わずに作った場合と同じで、特別なことはありません。ラップをかけたり、保存容器に入れたりして、保存してください。米粉でとろみをつけている料理を冷蔵保存している場合、弱火でじっくりあたため直すといいでしょう。電子レンジで加熱してもOKです。

Q パンやお菓子に
レーズンなどをバランスよく
入れる方法はありますか?

A レーズンが沈んでしまって、底のほうだけに集まってしまうことがあります。生地にレーズンをまぜ合わせるレシピのときは、型などに流し込んだあとにさらに上からレーズンを散らすといいでしょう。重いと沈みやすくなりますので、少しこまかく切ってから入れるのもおすすめです。

Q 肉や魚などに
米粉をまぶして焼くと、
米粉がはがれてしまいます。

A 米粉にはグルテンがないので、くっつきにくいですよね。米粉をまぶしてから2〜3分おいて、米粉をなじませて調理するとうまくいくと思います。

Q ピタパンがうまく
ふくらみません。考えられる
原因はなんでしょうか?

A トースターの庫内をしっかりとあたためてから入れてみてください。最初の立ち上がり温度が大事になります。また、しっかりとめん棒を当てるとふくらみやすくなります。怖がらずにしっかりとめん棒で押さえてみてくださいね。

PART1
食べれば納得！
米粉の
人気レシピ10 ····· 13

PART2
毎日食べたい！
米粉の主食
・・・・・・・・・・・・・・・・・・・・・・・・・・ 29

米粉があれば！

パンも おかずも おやつも極上

Contents

罪悪感なし！
米粉のおやつ

・・・・・・・・・・・・・・・・・・・ 91

この本の使い方

● 材料は2人分が基本です。個数で表示しているものもあります。

● 小さじ1＝5㎖、大さじ1＝15㎖です。

● 野菜は、特に表記のない場合、洗う、皮をむくなどの作業をすませてからの手順を説明しています。

● 作り方の火かげんは、特に表記のない場合、中火で調理してください。

● 電子レンジの加熱時間は、600Wの場合の目安です。500Wの場合は時間を1.2倍に、700Wの場合は時間を0.8倍にしてください。

● オーブンの焼き時間と温度は、家庭用の電気オーブンを基本にしています。機種によって多少差がありますので、様子を見ながらかげんしてください。

● トースターの加熱時間は1000Wの場合の目安です。機種によって多少差がありますので、様子を見ながらかげんしてください。

● お菓子で使用している卵は、特に表記のない場合、1個60g（卵黄20g、卵白40g）です。

● 油はごま油、オリーブオイルと表記しているもの以外は、米油を使用していますが、植物油やオリーブオイルにしてもかまいません。

● 卵、乳製品を使用していないレシピには、「卵なし」「牛乳なし」のマークをつけていますので、アレルギーがあるかたは、このマークを参考にしてください。

PART1

食べれば納得！
米粉の
人気レシピ10

米粉を使って作る主食、おかず、おやつの中から、大人にも子どもにも人気のレシピをピックアップしてご紹介します。手早くできて、思いのほか簡単なレシピばかりなので、ぜひ作ってみてください。予想を超えるおいしさと、食感や味の違いは、食べれば納得！

パンケーキ

米粉を使ってふんわりパンケーキを作ってみましょう。
ヨーグルトを少し入れて、むっちりしながらもサクッとした仕上がりに。

材料（4枚分）

A 米粉（さらさら系）
　　100g
　ベーキングパウダー
　　小さじ1½
　砂糖　大さじ2

B プレーンヨーグルト　60g
　卵1個＋牛乳　合わせて80g
　米油　小さじ1
　バニラエッセンス（あれば）
　　2滴
米油　適量
バター、はちみつ、
　　メープルシロップ　各適宜

Point

まぜすぎるとふくらまなくなるので、さっくりとまぜます。まぜすぎないのがコツ。

作り方

1　ボウルにAを入れてまぜる。

2　Bを合わせる。

3　2を1に加え、あればバニラエッセンスも加える。

4　泡立て器でさっくりとまぜる。

5　フライパンを熱し、油を薄く引いて、¼量の生地を丸く流し入れる。

6　表面にプツプツと穴があいたら返す。竹串などで刺して生地がつかなければでき上がり。器に盛り、好みでバターやはちみつ、メープルシロップを添える。

甘さ控えめで
ふんわり

カリカリなのに
モチモチ！

FAVORITES
02

ピタパン風サンド

砂糖が入っていないので、
米本来のほのかな甘さを楽しめるおなかにやさしい米粉パン。
どんな具をはさんでも、おいしくいただけます。

Point
半分に切るときは、キッチンばさみで。包丁を使うと、くっついてしまうことがあります。もし、ふくらまなかった場合は、具を上にのせてピザ風に。

材料（2人分）

A 米粉（もったり系）　50g　水　100㎖　塩　少々

B 米粉（もったり系）　40g　米粉（打ち粉用）　適量

サンドイッチの具：ロースハム、ゆで卵、リーフレタス、ミニトマトなど　各適量

作り方

1　耐熱ボウルにAを入れてよくまぜる。

2　ラップをして電子レンジで1分30秒加熱してよくまぜ、さらに1分加熱しよくまぜ、あら熱をとる。

3　Bを加え粉っぽさがなくなるまでこねるようにまぜ、冷めたら折りたたむように手でこねる。

4　打ち粉をした台にのせて4等分し、めん棒で直径10㎝程度の円形にととのえる。

5　両面焼きのトースター1000W（220℃）で5〜6分焼く。片面焼きのトースターの場合は途中上下を返す。※フライパンで両面焼いてもよい。

6　半分に切り、好みの具材をサンドする。

海鮮にらチヂミ

牛乳なし

薄く広げてフライパンに押しつけるように焼くと、
米粉の生地がカリカリしておいしさアップ。

材料（1枚分）

にら　30g
シーフードミックス
　（冷凍）　80g
A卵　1個(50g)
　米粉（もったり系）
　　50g
　水　大さじ2
　塩　小さじ¼
ごま油　大さじ1
酢じょうゆ　適量

作り方

1　にらは3cm長さに切り、シーフードは塩水で解凍し、水けをきる。

2　ボウルにAを入れてよくまぜ、さらに1を加えてまぜる。

3　フライパンにごま油を熱し、2を入れて両面をカリッと焼く。

4　食べやすい大きさに切って器に盛り、酢じょうゆを添える。

Point

粉っぽさがなくなるまでよくまぜます。この基本の生地があれば、具材をかえていろいろなチヂミを作ることができます。

FAVORITES
03

米粉の甘みが具によく合う

ソースのケチャップを牛乳でのばすと、ケチャップくささが消えて
オムレツのうまみを引き立てます。

FAVORITES
04

オムレツ

米粉を入れると、トロトロなのに形がくずれにくいので、
洋食屋さんのようなオムレツに！

材料（1個分）

A卵　2個
　牛乳　大さじ3
　米粉（もったり系）　小さじ1
　塩、こしょう　各少々
バター（またはオリーブオイル）
　5g
ソース
　トマトケチャップ
　　大さじ1
　牛乳　大さじ½

作り方

1　ボウルにAを入れてまぜる。

2　熱したフライパンにバターを
とかし、1を流し入れる。菜箸で
ぐるぐるとまぜ、オムレツの形を
作り、器に盛る。

3　同じフライパンにソースの材
料をひと煮立ちさせて2にかけ、
好みでイタリアンパセリを添える。

Point

米粉を入れると形が作りやす
く、表面がなめらかなのに中は
トロトロに仕上げることができ
ます。

19

から揚げ

卵なし　牛乳なし

小麦粉より油の吸収が少ない米粉でヘルシーに。

材料(2人分)

鶏もも肉　250g

A塩、こしょう　各少々

しょうゆ、みりん、ごま油　各小さじ2

しょうが、にんにく(ともにすりおろし)

　　各小さじ½

米粉(もったり系)　大さじ5

揚げ油　適量

作り方

1　鶏肉は一口大に切り、Aをもみ込み、米粉大さじ2を入れてまぜ、15分おく。

2　米粉大さじ3をまぶして揚げ油で揚げる。

3　全体がきつね色になったらとり出し、油をきって器に盛り、好みでフリルレタスとレモンを添える。

Point

米粉を全体に軽くまぶします。下味にも米粉を使っているので、衣が薄くても大丈夫。米粉の二度づけでカリッと揚がります。

外は**カリッカリ、**
中は**やわらかジューシー**

米粉をまぶした豚肉は、
やわらかくてジューシー

FAVORITES
06

酢豚

卵なし　牛乳なし

米粉を使うと、とろみが固まらず、水分も出ないのでお弁当にもおすすめ！

材料(2人分)

豚肉(とんカツ用)　150g

A 米粉(もったり系)　大さじ1

　　ごま油　小さじ2

　　塩、こしょう　各少々

玉ねぎ　¼個

にんじん　30g

ピーマン　1個

パプリカ(赤)　¼個

ごま油　小さじ2

たれ

トマトケチャップ　大さじ2

酢　大さじ1

米粉(もったり系)

　　小さじ1

砂糖　大さじ1

しょうゆ　小さじ½

水　50mℓ

Point

米粉を使ったたれは、時間をおくと透明感がなくなるので、ケチャップ入りにして照りを出します。

作り方

1　Aはまぜ、一口大に切った豚肉にまぶす。

2　玉ねぎはくし形切り、ほかの野菜は乱切りにする。たれを合わせる。

3　熱したフライパンにごま油を入れ、豚肉とにんじんを焼く。

4　豚肉の両面に焼き色がついたら、玉ねぎ、ピーマン、パプリカを入れ、玉ねぎに火が通るまで炒める。

5　合わせておいたたれを加える。

6　とろみがつくまで加熱する。

しっとり
ふんわり

鮭のムニエル

米粉でコーティングされた鮭はふっくらした仕上がりに。

FAVORITES
07

卵なし　牛乳なし

材料(2 人分)
生鮭(切り身)　2切れ
米粉(もったり系)　小さじ1
塩、こしょう　各少々
オリーブオイル　大さじ½
レモン(くし形切り)　2切れ
イタリアンパセリ(みじん切り)
　少々

作り方

1　鮭は塩(分量外)を振り、3分おく。

2　水けをキッチンペーパーでとり、塩、こしょうをふる。米粉をまぶす。

3　フライパンにオリーブオイルを熱し、2を入れて両面を焼く。

4　粉ふきいもとともに器に盛り、レモンを添え、パセリを散らす。

Point
全体に米粉をまぶし、1〜2分おいてから焼きます。

つけ合わせの
粉ふきいも

材料
じゃがいも　1個
塩、こしょう　各少々

作り方
じゃがいもは皮をむいて一口大に切り、ゆでる。火が通ったら湯を捨て、再び火にかけ、塩、こしょうで味をととのえる。

レアチーズケーキ

米粉とクリームチーズの組み合わせで、
とろっとして食べやすい、やさしい味のレアチーズケーキです。

材料（4人分）
牛乳　120mℓ
米粉（もったり系）
　30g
砂糖　30g
クリームチーズ
　100g
レモン汁　小さじ2
ブルーベリーソース
| ブルーベリー
| 　30g
| 砂糖　小さじ2
| 水　大さじ1

作り方

1　耐熱ボウルに牛乳、米粉、砂糖を入れて泡立て器でよくまぜ、ラップをせずに電子レンジで1分加熱しまぜる。さらに1分加熱してゴムべらでまぜる。

2　クリームチーズはなめらかにし、レモン汁とともに1に加えてまぜる。器に入れて表面を平らにし、冷蔵庫で冷やす。

3　耐熱容器にソースの材料を入れ、ラップをせずに電子レンジで1分加熱し、まぜて冷やす。

4　食べるときにソースをかけ、あればミントの葉を飾る。

Point
電子レンジで1分加熱してまぜるを2回繰り返し、なめらかに仕上げます。

とろっとした食感

FAVORITES
08

ドロップクッキー

米粉クッキーはグルテンがないので、
生地を休ませずにすぐ焼けるのが魅力！

材料(16個分)
バター（食塩不使用） 50g
砂糖　大さじ3
卵　30g
米粉(さらさら系)　100g
素焼きアーモンド（あらく刻む）　20〜30g
素焼きアーモンド　16個

作り方

1　バターはやわらかくクリーム状にしてボウルに入れる。

2　砂糖を3回に分けて加えまぜ、ときほぐした卵も3回に分けて加え、そのつどよくまぜる。

3　米粉を加え、ゴムべらで合わせ、押さえるようにしながらまとめる。刻んだアーモンドもまぜる。

4　生地をまとめ、16等分して丸めて平らにし、上にアーモンドをのせて180℃のオーブンで12〜13分焼く。

Point
16等分したら丸めて平らにし、まん中にアーモンドをのせるくぼみを作ります。

米粉ならではの素朴な味のクッキー

蒸しパン

卵なし

フライパンを使って作るお手軽蒸しパン。
米粉で作ると腹もちがよく、小腹がすいたときにぴったり。

材料(直径4.5cmの紙カップ4個分)

米粉(さらさら系) 50g
ベーキングパウダー
　小さじ1
砂糖　大さじ1
牛乳　60㎖
レーズン10〜20個

FAVORITES
10

作り方

1 ボウルにレーズン以外の材料を入れてまぜる。

2 紙カップに流し入れ、レーズンをのせる。紙カップごとプリンカップなどに入れる。

3 フライパンに水を1cm注いで熱し、2を入れてふたをする。強火で8分加熱する。

Point
シャバシャバで水っぽい状態なので、カップに入れてフライパンに移すときはこぼれないように注意を。

しっとりやわらかく、
ほんのり甘い
なつかしい味

PART2

毎日食べたい！
米粉の
主食

めん類も、ピザもお好み焼きも、パンも、全部米粉から作ることができます。そして、どれも案外手間がかかりません。お手軽にできて、食感も風味も小麦粉に負けない主食は、グルテンフリーでヘルシー、毎日食べても飽きません。

ふんわり
もちもち！

こちらは
レーズン入り！

食パン

このパンの材料や作り方は、ほかのパンにも対応しています。
基本の作り方をここでマスターしましょう。
米粉は、パン作りにおすすめの「ミズホチカラ」を使用。
二次発酵は必要ないので、気軽にチャレンジしてみてください。
保存の際は乾燥しないようにポリ袋などに入れましょう。
かたくなった食パンは、パン粉としても利用できます（p.57〜59）。

卵なし　牛乳なし

材料（17.5×8×6cmのパウンド型 1 台分）
A米粉（ミズホチカラ）　200g
　塩　小さじ½
Bぬるま湯（30〜40℃）　160㎖
　砂糖、米油　各大さじ 1
　ドライイースト　小さじ 1

作り方

1 A、Bはそれぞれ軽くまぜ合わせる。Bを3～5分おき（Point参照）、Aに加える。

2 ゴムべらで粉っぽさがなくなるまでよくまぜる（約3分）。まぜているとだんだん生地が締まってくるので、ボウルの底にゴムべらをこすり当てるようにまぜる。

3 生地がもったりしてきて、持ち上げるとリボン状になる程度までまぜる。

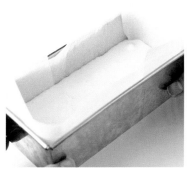

4 型にクッキングシートを敷き、3を流し入れる。型の底を軽くトントンとテーブルに落とし、生地を平らにする。

5 乾燥を防ぐため型ごとポリ袋に入れて口を軽く結ぶ。フライパンに高さ3cmほど水を入れて40～50℃程度にあたため、袋のまま入れて30～40分発酵させる。湯が冷めたら、少し湯を足す。

6 生地が2倍にふくらんだら、袋から出し、霧吹きなどで表面に水をふきかけ、200℃に予熱したオーブンで25～30分焼いて型からはずす。

Point

Bはまぜて約3分おき、写真のようにイーストがほわんとしてきたらAに入れます。

食パン（レーズン）

（卵なし）（牛乳なし）

食パンにドライフルーツやチョコレートなど、好きな材料を入れて、アレンジ食パンを作ってみましょう。

材料（17.5×8×6cmのパウンド型1台分）
食パンの材料　全量
レーズン　50g

作り方
食パンの作り方4の前にレーズンをまぜる。ほかは同様に作る。

＊表紙中央の食パン（チョコチップ）は、レーズンと同じタイミングで、チョコチップ40gを加えて作る。

周りがカリッと香ばしく、
中はふんわりもっちり

まん丸パン

卵なし　牛乳なし

このパンの材料や作り方は、
ほかの成形するパンにも対応しています。
基本の作り方をここでマスターしましょう。
サイリウムを使用する場合、米粉は「ミズホチカラ」と
「さらさら系」のどちらでも作ることができます。
やみつきになりそうなおいしいパンを、
ぜひ一度味わってください。

材料(6個分)

A 米粉(ミズホチカラ)　200g
　塩　小さじ½
B ぬるま湯(30〜40℃)　200㎖
　砂糖、米油　各大さじ1
　ドライイースト　小さじ1
C サイリウム(オオバコ)　8g

作り方

1　A、Bはそれぞれ軽くまぜ合わせる。Bを約3分おき(31ページ食パンのPoint参照)、Aに加える。

2　水分が多いので泡立て器で2分ほどまぜる。

3　Cを加え、泡立て器で素早くまぜる。

4　ダマがなくなり生地が重くなったらゴムべらにかえ、生地を折りたたみ押さえるをくり返し、2〜3分こねる。※手で作業してもよい。

5　きれいに丸め、そのままボウルにラップをする。フライパンに高さ3㎝ほど水を入れて40〜50℃程度にあたため、ボウルごと入れて15分一次発酵させる。

6　生地を6等分してきれいに丸める。クッキングシートを敷いた天板に並べる。熱湯を入れた器(庫内の温度を上げ、乾燥も防ぐ)とともにオーブンに入れ、30分二次発酵させ、1本切り目を入れる。

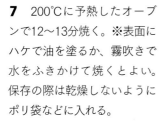

7　200℃に予熱したオーブンで12〜13分焼く。※表面にハケで油を塗るか、霧吹きで水をふきかけて焼くとよい。保存の際は乾燥しないようにポリ袋などに入れる。

Point
手に水か油をつけながら表面をつるつるにするイメージで、なでるようにやさしく丸めます。

パン屋さんの味！
おいしすぎる

ツナコーンパン

牛乳なし

食パンと同じ生地で作ります。
ツナ、コーン、マヨネーズの組み合わせのふわふわパンは、子どもにも大人気です。

材料（直径7.5×高さ2cmの
カップ6個分）
A 米粉（ミズホチカラ）
　　200g
　塩　小さじ½
B ぬるま湯（30〜40℃）
　　160㎖
　砂糖、米油
　　　各大さじ1
　ドライイースト
　　　小さじ1
ツナコーン（缶詰）
　　90g
マヨネーズ　適量
ドライパセリ　適量
米油　適量

作り方

1　食パンの生地を作る（31ページの作り方
1〜3）。

2　生地をカップに流し入れ、天板に並べ、
熱湯を入れた器（庫内の温度を上げ、乾燥も
防ぐ）とともにオーブンに入れ、30〜40分発
酵させる。オーブンに発酵温度の設定がある
場合は40℃にあたためてから入れる。つけ
っぱなしにすると乾燥しやすいので注意。

3　倍にふくらんだら表面に油を塗り、中央
をへこませる。⅙量ずつツナコーンをのせ、
マヨネーズをかけてドライパセリを振る。

4　200℃に予熱したオーブンで13分ほど焼
く。

Point

スプーンなどを使ってカップ
の高さの半分まで生地を流し
入れます。カップを軽くトン
トンと落とし、生地の表面を
平らにします。

生地が倍にふくらんだら、表
面にハケで油を塗り、指で中
央をへこませます。

ホットドッグパン

牛乳なし

まん丸パンの材料に、卵を加えて作るパンです。
パンがかたくなったら、電子レンジで少しあたためてからサンドすると
おいしく食べられます。

Point

材料(15〜16cm 4個分)

A米粉(ミズホチカラ)
　　200g
　塩　小さじ½
B卵1個＋ぬるま湯
　　(40〜50℃)
　　合わせて200g
　砂糖、米油
　　各大さじ1
　ドライイースト
　　小さじ1
Cサイリウム
　　(オオバコ)
　　8g

作り方

1　Bの卵にぬるま湯を加えて200gにする
(Point参照)。まん丸パンの作り方(33ペー
ジ)1〜5で生地を作る。

2　生地を4等分し、手に水か油をつけなが
らホットドッグ形にする。クッキングシート
を敷いた天板に並べ、熱湯を入れた器(庫内
の温度を上げ、乾燥も防ぐ)とともにオーブ
ンに入れ、30分二次発酵させる。

3　焼く前に1本切り目を入れ、200℃に予
熱したオーブンで12〜13分焼く。※表面に
ハケで油を塗るか霧吹きで水をふきかけて焼
くとよい。

4　1本深く切り込みを入れ、レタスやソー
セージをはさみ、トマトケチャップをかける。

ボウルに卵を割り入れ、40〜
50℃の湯を足していき、200
gにします。＊最終的な温度が
30℃くらいになればOK。

手に水か油をつけながら表面
をつるつるにするイメージで、
なでるようにやさしくホット
ドッグの形にしていきます。

食べごたえあり！
好きな具材を
サンドして

塩バターパン

まん丸パンの生地に、バターを包んで焼きます。
何もつけなくてもこのままでおいしい、ふんわりリッチな味わいです。

材料（8個分）

A 米粉（ミズホチカラ）
　　200g
　塩　小さじ½
B ぬるま湯（30〜40℃）
　　200㎖
　砂糖　小さじ1
　米油　大さじ1
　ドライイースト
　　小さじ1
C サイリウム（オオバコ）
　　8g
バター（加塩）40g
あら塩　少々

作り方

1　まん丸パンの作り方（33ページ）1〜5で生地を作る。バターを5gずつの棒状に切る。

2　生地を8等分し、手に水か油をつけながら直径9㎝程度に広げる。バターをのせて、なまこ形に成形する。

3　クッキングシートを敷いた天板に2を並べ、熱湯を入れた器（庫内の温度を上げ、乾燥も防ぐ）とともにオーブンに入れ、30分二次発酵させる。

4　焼く前に1本切り目を入れ、あら塩を振る。200℃に予熱したオーブンで10分焼く。
※塩を振る前に、表面にハケで油を塗るか霧吹きで水をふきかけて焼くとよい。

Point
丸く広げた生地のまん中にバターをおいて包み、なまこ形に成形し、両端をつまみます。

口に入れると
やわらか！ふわっ もちっ

もっちりむっちり
米の甘みが口いっぱいに広がる

フライパンちぎりパン

卵なし　牛乳なし

まん丸パンを、フライパンで焼いてみましょう。
オーブンで焼いたものとは食感が変わり、さらにもっちりとしています。

材料（6個分）

A 米粉（ミズホチカラ）
　　200g
　塩　小さじ½

B ぬるま湯（30〜40℃）
　　200㎖
　砂糖、米油　各大さじ1
　ドライイースト
　　小さじ1

C サイリウム（オオバコ）
　　8g

作り方

1 まん丸パンの作り方（33ページ）1〜5で生地を作る。

2 生地を6等分し、手に水か油をつけながらきれいに丸め、フライパンに並べる。

3 フライパンにふたまたはアルミホイルをかぶせてふたをし、強火に10秒かけ、火を止めてそのまま30分二次発酵させる。

4 強火に10秒かけ、弱めの中火にして6〜7分加熱し、返して6〜7分加熱する。

Point

まん丸パンと同様に、手に水か油をつけながら表面をつるつるにするイメージで、なでるようにやさしく丸めます。

しっとり、
もっちもち！

フライパン米粉パン

卵なし 牛乳なし

食パンと同じ生地で作ります。フライパンで焼くと、
オーブンで焼いた食パンとはひと味違う、もっちもちの食感になります。

材料(直径20cm程度のフライパン1枚分)

A 米粉(ミズホチカラ)　200g
　塩　小さじ½

B ぬるま湯(30〜40℃)　160ml
　砂糖、米油　各大さじ1
　ドライイースト　小さじ1

作り方

1　食パンの生地を作る(31ペ
ージの作り方**1**〜**3**)。

2　フライパンに生地を流し入
れ、ふたをして強火に10秒かけ、
火を止めて30〜40分おく。

3　2倍にふくらんだら、強火
に10秒かけ、弱めの中火にして
6〜7分加熱し、返して6〜7
分加熱する。とり出して、ナイ
フを水でぬらしながら切る。器
に盛り、好みでジャムを添える。

Point

フッ素樹脂加工のフライパンに生
地を流し込み、フライパンを軽く
トントンとたたき、表面を平らに
します。

お米の風味が
カレーをさらに
おいしくする！

フライパンナン

卵なし

まん丸パンの材料のぬるま湯を牛乳にかえて作ります。
米粉で作るナンは、カレーとの相性抜群！

材料(15〜18cm 4枚分)

A 米粉(ミズホチカラ) 200g
　塩 小さじ½
B 牛乳 200mℓ
　砂糖、米油 各大さじ1
　ドライイースト 小さじ1
C サイリウム(オオバコ)
　8g

作り方

1 牛乳は電子レンジで30〜40℃になるように30秒加熱する。

2 まん丸パンの作り方(33ページ)1〜5で生地を作る。

3 4等分し、ナンの形に成形する。

4 フライパンに入れ、弱めの中火で少し焼き目がつくくらいに、両面焼く。

Point

手に水か油をつけながら表面をつるつるにするイメージで、なでるようにやさしく成形します。グルテンが入っていないので、生地の戻りがなく、成形しやすくなっています。

むっちり
やわらかい

ソフトフランス

材料を少しかえて、まん丸パンの作り方で焼きます。
ちょっとおしゃれな料理に添えたい、米粉ならではのやわらかさと甘みのあるパンです。

材料（6個分）

A 米粉（ミズホチカラ）　200g
　 塩　小さじ½
B ぬるま湯（30〜40℃）　200mℓ
　 砂糖　小さじ1
　 オリーブオイル　大さじ1
　 ドライイースト　小さじ1
C サイリウム（オオバコ）　8g

作り方

1　まん丸パンの作り方（33ページ）1〜5で生地
を作る。

2　6等分し、手に水か油をつけながら8×15cm
くらいにのばす。端からくるくると巻き、細長く成
形する。

3　クッキングシートを敷いた天板に並べる。熱湯
を入れた器（庫内の温度を上げ、乾燥も防ぐ）ととも
にオーブンに入れ、30分二次発酵させる。

4　斜めに4〜5カ所切り目を入れ、200℃に予熱
したオーブンで12〜13分焼く。
※表面にハケで油を塗るか、霧吹きで水をふきかけ
て焼くとよい。

Point

手に水か油をつけて端からくるくると
巻いて細長く成形し、両端をきれいに
まとめて、少しとがらせます。とがら
せた部分がカリッと焼けておいしくな
ります。

カリッ、サクッ、かめばもちっ

カレーパン

まん丸パンの作り方で、キーマカレーを包んで焼きます。
卵を入れたお惣菜パンの生地は、もっちりしすぎず、お惣菜とのバランスがいいです。

材料（5〜6個分）

A 米粉（ミズホチカラ）
　　200g
　塩　小さじ½
B 卵1個＋ぬるま湯
　　（40〜50℃）
　　合わせて200g
　砂糖、オリーブオイル
　　各大さじ1
　ドライイースト
　　小さじ1
C サイリウム（オオバコ）
　　8g
キーマカレー（71ページ、
　前日に作ったもの）
　適量
衣
　D 米粉（もったり系）
　　大さじ2
　　卵　1個
　米粉パン粉　適量
揚げ油　適量

作り方

1　Bの卵にぬるま湯を加えて200gにする（35ページPoint参照）。まん丸パンの作り方（33ページ）1〜5で生地を作る。

2　生地を5〜6等分し、手に水か油をつけながら丸くし、直径12〜13cmに広げる。

3　前日に作っておいたキーマカレーを2の中央におき、端をとじていく。

4　Dをまぜ合わせて3につけ、パン粉をつける。

5　フライパンに揚げ油を3〜4cm入れて熱し、パンのとじ目を下にして入れ、全体をじっくりと7〜8分揚げ焼きにする。

Point

米粉パン粉は、30ページの食パンがかたくなったものを使用。市販品を使ってもOKです。

広げた生地の中央に冷えたキーマカレーをのせ、手に水か油をつけながら端をとじ、形をきれいにととのえる。

Dをまぜ合わせて成形した生地につけ、パン粉をまぶす。Dを全体にていねいに塗るとパン粉のつきがよく、きれいに揚げられます。

ベーコンエピ

卵なし　牛乳なし

材料を少しかえて、まん丸パンの作り方でベーコンを包んで焼きます。
カリッとおいしい、本格的なエピパンが米粉で簡単にできます。中にチーズを入れても！

材料(4本分)

A 米粉(ミズホチカラ)
　　200g
　塩　小さじ½
B ぬるま湯(30～40℃)
　　200㎖
　砂糖　大さじ½
　オリーブオイル
　　大さじ1
　ドライイースト
　　小さじ1
C サイリウム(オオバコ)
　8g
ベーコンスライス　2枚
　(縦に半分に切り、
　4枚にする)
粒マスタード　適量

作り方

1　まん丸パンの作り方(33ページ)1～5で生地を作る。

2　生地を4等分し、手に水か油をつけながら18×6㎝くらいに広げてのばす。マスタードを塗り、ベーコンをおいてくるくると棒状にする。

3　キッチンばさみで切り込みを入れ(Point参照)、交互に広げ、クッキングシートを敷いた天板に並べる。

4　熱湯を入れた器(庫内の温度を上げ、乾燥も防ぐ)とともにオーブンに入れ、30分二次発酵させる。

5　200℃に予熱したオーブンで12～13分焼く。※表面にハケで油を塗るか、霧吹きで水をふきかけて焼くとよい。

Point

生地を18×6㎝くらいに広げのばし、ざっくりと全体にマスタードを塗り、中央にベーコンをおいて端からくるくると巻いて棒状にし、きれいにととのえます。

2㎝おきに斜め45度にはさみを深く入れ、左右交互に広げます。

花巻

まん丸パンと同様に生地を作ります。
ごま油香る中華風の蒸しパンが、米粉でもっちりとおいしくできました。

材料（8個分）

A 米粉（ミズホチカラ）
　　200g
　塩　小さじ½
B ぬるま湯　180㎖
　砂糖、米油
　　各大さじ2
　ドライイースト
　　小さじ1
C サイリウム
　　（オオバコ）　8g
ごま油　適量
チャーシュー、
　　しらがねぎ　各適量

作り方

1　まん丸パンの作り方（33ページ）1〜5で生地を作る。

2　生地を2等分し、手に水か油をつけてそれぞれ20×16㎝にのばし、とじ目を残してごま油を塗る（Point参照）。

3　手前からくるくると巻き、それぞれ4等分にする。菜箸で中央を押さえて形を作る。

4　クッキングシートに3をのせて蒸し器に入れ、30分そのまま発酵させる。その後、強火で10分蒸す。※鍋の中に入れる蒸し用目皿を使うと手軽にできる。

5　とり出して横に1本切り込みを入れて、チャーシューやしらがねぎをはさんで器に盛る。

油を塗る部分

とじ目になる部分を残してごま油を塗り、くるくると巻きます。

包丁に水をつけて4等分にし、菜箸で中央を押さえて形を作ります。

ふんわり
もっちり
天津の味

カリッとしてさっくり軽い食感に！

お好み焼き

米粉に卵を入れて作った生地は、もちもちしすぎず、さっくりとした食感になります。
キャベツや豚肉などの食材を使ったお好み焼きにぴったりです。

材料(2 枚分)
卵 1 個＋だし　合わせて130g
しょうゆ　大さじ 1
みりん　小さじ 1
米粉(もったり系)　120g
キャベツ(せん切り)　100g
豚バラ薄切り肉　60g
削り節、青のり、お好み焼き
　　ソース、マヨネーズ、米油
　　各適量

作り方

1　卵＋だしにしょうゆ、みりんを合わせまぜ、さらに米粉を加えてよくまぜる。

2　キャベツを合わせ、油を薄く引いたフライパンで焼く。上に豚肉を並べて広げ、上下を返し、焼きつける。

3　中までしっかりと焼く。器に豚肉のほうを上にして盛り、削り節、青のりなど好みのものをかける。

Point
米粉を入れてまぜ、粉っぽさがなくなればOKです。

焼きうどん

卵なし　牛乳なし

米粉とかたくり粉でつるんとしたうどんができます。
めんが切れやすいので、炒めるときはさっとまぜるだけで OK です。

もちっ
つるん

材料（2人分）

めん

A 米粉（もったり系）
　　90g
　かたくり粉　10g
　水　130ml
　塩　小さじ⅓
かたくり粉（打ち粉用）
　適量

具

　豚薄切り肉（一口大）　60g
　キャベツ（ざく切り）　100g
　にんじん（短冊切り）　20g
　玉ねぎ（薄切り）　50g
B みりん、しょうゆ　各小さじ2
　塩、こしょう　各少々
　米油　適量

Point
めんがくっついてしまうので、油を入れて手で軽くなじませておきましょう。

作り方

1　耐熱ボウルにAを入れる。

2　泡立て器でまぜ、ラップをせずに電子レンジで1分30秒加熱する。

3　ゴムべらで重ねるように10回くらいこねる。

4　あら熱がとれたら打ち粉をし、少しこねて2等分する。

5　めん棒で30×12cmくらいにのばす。

6　打ち粉をしながら包丁で7〜8mm幅に切り、冷ます。

7　熱湯で2〜3分ゆで、流水で冷やして水けをきる。油小さじ1を振り、なじませる。

8　熱したフライパンに油少々を入れて具材を炒め、Bで味つけし、塩、こしょうで味をととのえる。

9　めんを入れてさっとまぜ、器に盛る。

フォー

うどんよりもかたくり粉の分量を多くして、ツルツルの食感を楽しみます。
めんは火を入れすぎるとかたくなるため、食べるときはさっとあたためる程度で。

材料（2人分）

めん

A米粉（もったり系）	80g
かたくり粉	20g
水	120㎖

かたくり粉（打ち粉用）　適量

鶏肉だし

鶏胸肉	1枚
塩	小さじ1
水	600㎖

作り方

1　鶏肉は塩をすり込み、10分おく。

2　鍋に1と水を入れて火にかけ、煮立ったら弱めの中火で7～8分加熱し冷ます。

3　鶏肉はとり出して薄切りにする。

4　Aをよくまぜ、ラップをせずに電子レンジで1分30秒加熱し、ゴムべらでまぜてなめらかにする。

5　あら熱がとれたら、台に打ち粉を振り、折りたたむように1分ほどこねる。

6　めん棒で30×15㎝くらいに薄くのばし、包丁で6～7㎜幅に切って2～3分ゆで、流水で冷やし水けをきる。

7　2を熱して6を入れ、器に盛って3をのせ、好みで香菜とレモンをのせる。

Point

生地が切れにくいので、手でのばしてもOK。打ち粉にかたくり粉を使うと、ツルンとした食感になります。

ピザ

生地を薄くのばして、クリスピーピザにするのがおすすめです。
カリッとしながら、モチモチとした食感が楽しめます。

材料（1枚分）

A 米粉（ミズホチカラ）
　　100g
　塩　小さじ⅛
　ベーキングパウダー
　　小さじ2
B 熱湯　80㎖
　オリーブオイル　大さじ1
ピザソース、ピザ用チーズ
　各適量
サラミ、ピーマン、バジル
　各適宜

作り方

1　A、Bはそれぞれまぜる。BをAに加え、ゴムべらでまぜる。

2　あら熱がとれたら、折りたたんで押さえつけるを繰り返し、2〜3分こねる。

3　直径18㎝くらいにのばし、天板にクッキングシートを広げてのせる。ピザソースを塗り、チーズをのせ、好みで薄切りにしたサラミ、輪切りにしたピーマン、バジルなどをのせる。

4　220℃に予熱したオーブンで10〜12分焼く。器に盛り、食べやすいようにカットする。

Point

熱湯とオリーブオイルをまぜたものをAに入れます。少しずつ分けて入れなくてもOKです。

カリッとした生地が最高！

ニョッキ

じゃがいもと米粉でもちもちのニョッキを手作りしましょう。
ソースをかえて、アレンジも楽しんでみてください。

材料（1～2人分）

じゃがいも　100g
卵黄　1個
米粉（もったり系）
　50g
塩　ふたつまみ
ソース
Aゴルゴンゾーラ
　│　10g
　│　生クリーム　50mℓ
塩、こしょう　各少々

作り方

1　じゃがいもの皮をむき、ゆでて熱いうちにつぶし、塩、卵黄を加えてまぜる。

2　熱いうちに米粉を加え、手で押さえるようにまぜる。

3　直径1.5cmの筒状にのばしてラップで包み、完全に冷めるまで15分ほどおく。

4　2cm長さに切り、フォークなどを押しつけて形をつけ、熱湯で3～4分ゆでる（浮かんできたらOK）。流水で冷やし、水けをきる。

5　フライパンにAを入れ、チーズがとけたら塩、こしょうで味をととのえ、4を入れてからめる。器に盛り、あればパセリを飾る。

Point

じゃがいもをゆでたら、熱いうちに米粉をまぜるところまで行いましょう。粉っぽさがなくなったらOKです。

もっちりニョッキと
濃厚チーズが
合う～！

ほどよい
もちもち感

うまっ！

ラビオリ

めんどうに見えるラビオリも、米粉を使って案外簡単に手作りできます。
形や具材をかえて、オリジナルのラビオリを作ってみるのも楽しいですよ。

材料(2人分)

米粉(もったり系)
　　100g
卵　1個(50g)
水　80㎖
具
　ほうれんそう
　　(ゆでてあらく
　　刻む) 20g
　カッテージチーズ
　　20g
パルミジャーノ・
　レッジャーノ、
　オリーブオイル、
　イタリアンパセリ
　各適宜

作り方

1 卵は耐熱ボウルに入れてとき、米粉と合わせてサラサラにする(Point参照)。

2 水を加え、粉っぽさがなくなるまでまぜる。

3 ラップをせずに、電子レンジで1分30秒加熱し、ゴムべらで均一になるようにまぜる。

4 熱いうちにポリ袋に入れ、上からめん棒で30×20㎝にのばし、冷ます。

5 ポリ袋をはさみで切り、生地を出す。半分に具材を等間隔におき、残りの半分をかぶせる。ラップをかけ、具材がない部分をしっかりと押さえる。

6 具材がない部分に包丁を入れて切り分け、4〜5分ゆでる。

7 器に盛り、好みでパルミジャーノ、オリーブオイル、刻んだイタリアンパセリをかける。

Point

卵と米粉を合わせ、写真のようにサラサラになるまでまぜます。

生地の半分に等間隔で具材をおき、残り半分をかぶせたらラップをして、間をめん棒などでしっかり押さえます。

カリッとしてふんわり

ライスバーガー

米粉効果でお米のバンズはふんわり。
甘辛い照り焼きチキンとの相性もぴったりです。

材料（2個分）

熱いごはん　2杯分
米粉（もったり系）　大さじ1
塩　少々
米油　少々

具

　鶏もも肉　150g
　Aみりん、砂糖、しょうゆ
　　　各小さじ2
　米油　小さじ½
　フリルレタス　適量

作り方

1　ごはんに米粉と塩を加えてまぜる。4等分にし、丸めてバンズのように平らにする（1cm厚さ程度）。

2　フライパンに油を薄く引き、1を両面こんがりと焼く。

3　鶏肉を一口大に切り、フライパンに油を熱してこんがりと焼く。Aを加えてからめる。

4　2にフリルレタス、3をはさみ、器に盛る。

Point

ごはんに米粉をまぜることで、ガチガチにならずにふんわりとした米粉バンズになります。

PART3

おいしさ広がる！
米粉の
おかず

米粉といえば、パンやお菓子だけではありません。いつもの
おかずに米粉をプラスすると、食材のうまみを閉じ込め、ふ
っくら仕上がったり、しっとりした食感になったり、おいしさ
をプラスする効果があります。パンやお菓子を作った残りの
米粉も、おかずに使えるので、無駄になりません。キッチン
のすぐ手が届くところに米粉を常備しておきましょう。

おかずには、主にもっ
たり系の米粉（6ペー
ジ参照）を使用します。

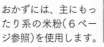

クリームシチュー

米粉を使うと、さらりとした口どけのシチューができ上がります。

材料(2人分)
鶏もも肉　150〜200g
じゃがいも　1個
にんじん　⅓本
玉ねぎ　¼個
米粉(もったり系)　大さじ2
バター　20g
水　250㎖
牛乳　200㎖
塩、こしょう　各適量
米油　小さじ1

Point
バターがとけたら米粉を入れて、全体にからませるようにまぜ合わせます。

作り方

1　鶏肉は一口大に切り、塩、こしょう各少々を振る。じゃがいもは皮をむいて一口大に切り、にんじんは乱切り、玉ねぎはくし形切りにする。

2　鍋に油を熱し、鶏肉の両面を焼き、玉ねぎ、にんじんを加え、さらに1分ほど炒める。

3　バターを加え、とけたら米粉を入れ、粉っぽさがなくなるまで炒める。

4　水、じゃがいもを加え、煮立ったら弱めの中火にし、ふたをしてじゃがいもがやわらかくなるまで煮込む。

5　牛乳を加え、とろみがつくまで煮て、塩、こしょうで味をととのえる。器に盛り、好みであらびき黒こしょうを振る。

おかわり
したくなる
やさしい味

アツアツ

卵なし

クリームグラタン

米粉のさっぱりしたとろみと、
とろけるチーズとの相性が抜群。
好きな具材で楽しんで!

Point
牛乳を加える前に米粉を入
れ、よくまぜ合わせます。

材料(2人分)
ゆでえび　6尾
玉ねぎ　50g
マッシュルーム　3個
しめじ　50g
じゃがいも　1個
オリーブオイル
　　小さじ1
バター　20g
米粉(もったり系)
　　15g
牛乳　250ml
塩　小さじ⅓
こしょう　少々
ピザ用チーズ　40g

作り方
1　玉ねぎとマッシュルームは薄切りに
し、しめじは石づきをとってほぐす。じ
ゃがいもは一口大に切り、ゆでる。

2　熱したフライパンにオリーブオイル
を入れ、玉ねぎを炒める。玉ねぎがしん
なりしたらしめじ、マッシュルームを入
れてさらに炒める。

3　バターを加え、とけたら米粉を加え
まぜる。1~2分炒めたら牛乳を加え、
とろみがつくまで煮込む。

4　えび、じゃがいもを加えてひと煮立
ちさせ、塩、こしょうで味をととのえる。

5　耐熱容器に入れ、上にチーズを散ら
してオーブンやトースターで少し焼き目
がつくまで焼く。

外は

カリッカリ、

中は **とろ〜り**

クリームコロッケ

米粉はダマにならないので、失敗せずにクリーミーに仕上がります。

材料(6個分)

玉ねぎ(あらみじんに切る)
　50g
マッシュルーム(みじん切り)
　2個
ハム(小さく刻む)　2枚
塩　小さじ⅓
こしょう　少々
オリーブオイル　小さじ1

ホワイトソース
| バター　30g
| 米粉(もったり系)　30g
| 牛乳　200mℓ

衣
| A米粉(もったり系)　大さじ2
| | とき卵　1個分
| 米粉、米粉パン粉　各適量
揚げ油　適量

作り方

1　ホワイトソースを作る。鍋にバターを入れ、弱火にかける。ふつふつと沸いてきたら米粉を加えてよくまぜ、再度ふつふつとさせる。

2　牛乳を少しずつ入れ、とろみがつき、つやが出るまでしっかりとまぜ、冷ます。

3　フライパンにオリーブオイルを入れ、玉ねぎ、マッシュルーム、ハムを入れてよく炒め、塩、こしょうを振る。2と合わせ、バットなどに広げて冷ます。

4　6等分して小判形にし、米粉、まぜたA、パン粉の順につけて揚げる。器に盛り、あればパセリとレモンを添える。

Point

クリームは冷やすと成形しやすくなります。6等分し、それぞれを小判形にします。

Point

米粉パン粉は…

30ページの食パンがかたくなったものを使用。市販品を使ってもOKです。

ポテトコロッケ

米粉でコーティングしたコロッケは、ふっくらとした仕上がりに。
カリカリした衣との食感の違いが楽しめます。

材料（4個分）

じゃがいも
　　2個（約200g）
玉ねぎ（みじん切り）　50g
合いびき肉　50g
みりん　小さじ1
しょうゆ　小さじ1
塩、こしょう　各少々
米油　適量
衣
　┌ **A** 米粉（もったり系）
　│　　大さじ2
　│　とき卵　1個分
　│　米粉、米粉パン粉
　└　　各適量
揚げ油　適量

作り方

1 じゃがいもは皮をむいて一口大に切り、水からやわらかくゆでる。

2 フライパンに油を入れて熱し、玉ねぎをよく炒める。

3 ひき肉を加え、肉の色が変わったらみりん、しょうゆ、塩、こしょうで味をつける。

4 じゃがいもをつぶし、**3**を加えてまぜる。4等分し、小判形にする。

5 米粉、まぜた**A**、パン粉の順につけ、揚げる。器に盛り、好みでサラダ菜を添え、ソースをかける。

Point

米粉をつけ、さらに米粉パン粉を重ねることで、外はカリッと、中はふっくらと仕上がります。

コロッケの
王様

冷めても
おいしい！

とんカツ

衣はサクサク、肉はやわらかくてジューシー。
小麦粉よりも油の吸収率が少ない米粉を使った、ヘルシーとんカツです。

材料（2人分）
豚ロース肉（とんカツ用）　2枚
塩、こしょう、米粉（もったり系）
　各適量
衣
┌ A米粉（もったり系）　大さじ2
└ とき卵　1個分
米粉、米粉パン粉　各適量
揚げ油　適量
キャベツ、トマト、パセリ　各適量

作り方

1　豚肉は包丁で筋を切り、塩、こしょうを振る。

2　米粉、まぜたA、パン粉の順につけて、肉の厚み程度の油で揚げ焼きにする。

3　キャベツのせん切り、トマトのくし形切りとともに器に盛り、パセリを飾る。好みでソースを添える。

Point

Aをまぜて肉につけ、肉のうまみを閉じ込め、やわらかく仕上げます。

59

ふんわり
ジューシー

60

ハンバーグ

米粉が水分を吸収するので、具材のうまみを逃さず、
ふんわりとしたハンバーグができます。

材料(2 人分)

合いびき肉　200g

A 玉ねぎ(みじん切り)　50g

　塩　小さじ½弱

　黒こしょう、ナツメグ　各少々

　トマトケチャップ　小さじ2

　米粉(もったり系)　小さじ1

　水　大さじ1

米油　適量

ミニトマト、ブロッコリー　各適量

ソース

　水　50mℓ

　トマトケチャップ　大さじ2

　しょうゆ　小さじ½

　砂糖　小さじ¼

Point

玉ねぎの甘さも肉のうまみも、米
粉でぎゅっと閉じ込めます。

作り方

1　ボウルにAを入れ、よくまぜる。

2　ひき肉を加え、粘りが出るまでよく
まぜる。

3　2等分し、小判形にする。

4　熱したフライパンに油を入れ、**3**を
強火で1分焼く。返して弱めの中火にし、
ふたをして8〜10分加熱し、器に盛る。

5　**4**のフライパンにソースの材料を入
れて煮詰め、ハンバーグにかける。ミニ
トマトとゆでたブロッコリーを添える。

ギョーザ

卵なし　牛乳なし

米粉で作ったギョーザの皮は、
モチモチでのびがいいので、具材を包むのもスムーズ。
具に米粉を入れると、肉がしっとりしてパサつきません。

むっちり
カリカリ
ジューシー

材料(小さめ16個分)

皮A 米粉(もったり系) 60g
　│ 水 120mℓ
　B 米粉(もったり系) 30g
具
　キャベツ(みじん切り) 100g
　にら(みじん切り) ⅓束
　塩 小さじ¼
　ごま油 大さじ1
　オイスターソース 大さじ1
　こしょう 少々
　C 豚ひき肉 100g
　│ 米粉(もったり系) 小さじ1

作り方

1 耐熱ボウルにAを入れてよくまぜ、ラップをせずに電子レンジで1分30秒加熱する。

2 全体をまぜ、さらに1分加熱する。

3 Bを加え、粉っぽさがなくなるまでまぜ合わせる。

4 あら熱がとれたら、打ち粉(米粉・分量外)をしながら手でまとめ、ボウルにラップをして冷ます。

5 別のボウルにC以外の具の材料を入れ、よくまぜて3〜5分おく。野菜から水分が出たらCを加え、よくまぜる。

6 4を4等分して、棒状にのばす。

7 1本を4等分し、めん棒で直径8〜9cmの円形にのばして皮を作る。

8 皮に5を等分にのせて包み、中央の上部をつまんでくっつけて、左右からひだを2つずつ作る。

9 フライパンにごま油大さじ1(分量外)を入れ、ギョーザを並べる。ふたをし、7分加熱する。ふたをとって焼き色がつくまで焼く。器に盛り、好みの調味料を添える。

Point

最初に☆印の部分をつまんで押さえ、左右からひだを2つずつ作ります。米粉の生地はのびがいいので、簡単にひだを作ることができます。

チンジャオロースー

下味をつけるときに米粉を使うと、肉汁を閉じ込めてうまみを逃がさず、肉もやわらかくなります。牛もも肉のかわりに、カルビにしてもOK。

材料（2人分）

牛もも薄切り肉　120g

下味
　ごま油、しょうゆ、酒、
　　米粉（もったり系）
　　各小さじ1
ピーマン　3個
ゆでたけのこ　50g
ごま油　小さじ1
A 水　大さじ1
　　米粉（もったり系）
　　　小さじ½
　　オイスターソース、
　　　しょうゆ、みりん
　　　各小さじ1

作り方

1　牛肉は5mm幅に切る。下味の材料を合わせ、牛肉にもみ込む。

2　ピーマンとたけのこは細切りにする。

3　熱したフライパンにごま油を入れ、1を炒める。

4　牛肉の色が変わったら2を加える。

5　軽くまぜ、火が通ったら合わせたAを回しかけ、全体にからめながら炒める。

Point

全体にAをからめ、とろみでつやが出てくるまで炒めます。

米粉効果でうまみが
ギュッ!

クセになる味！

揚げ春巻き

卵なし 牛乳なし

具をのせたら、二つ折りにするだけ。
くるくる巻かない、手間なし春巻きです。
かむほどに味わい深く、ハマる人続出！

材料（6本分）

春巻きの皮

A 米粉（もったり系） 80g
　水 160ml
B 米粉（もったり系） 40g

具

　豚ロース薄切り肉 40g
　しいたけ 1個
　はるさめ
　　20g（もどして60g程度）
ごま油 小さじ½
C オイスターソース
　　小さじ½
　しょうゆ 小さじ1
　砂糖 小さじ½
　米粉（もったり系）
　　小さじ½
　水 小さじ2
揚げ油 適量

作り方

1 ギョーザの作り方（63ページ）1～3
と同様に皮の材料をまぜる。

2 あら熱がとれたら、ラップではさんで
めん棒で27×22cmにのばし、冷蔵庫で冷
やす。

3 豚肉は細切り、しいたけは薄切りにし
て、もどしたはるさめとともにごま油で炒
める。Cをまぜ入れ、味つけする。

4 2を6等分し、中央に6等分した3を
のせて包み、揚げて器に盛る。

Point

電子レンジで加熱してまぜ
ることを2回繰り返し、さ
らに米粉を入れてまぜ合わ
せます。

具をのせたら横長になるよ
う二つ折りにし、3辺をく
っつけます。べたつくので、
指先に水をつけながら行い
ましょう。

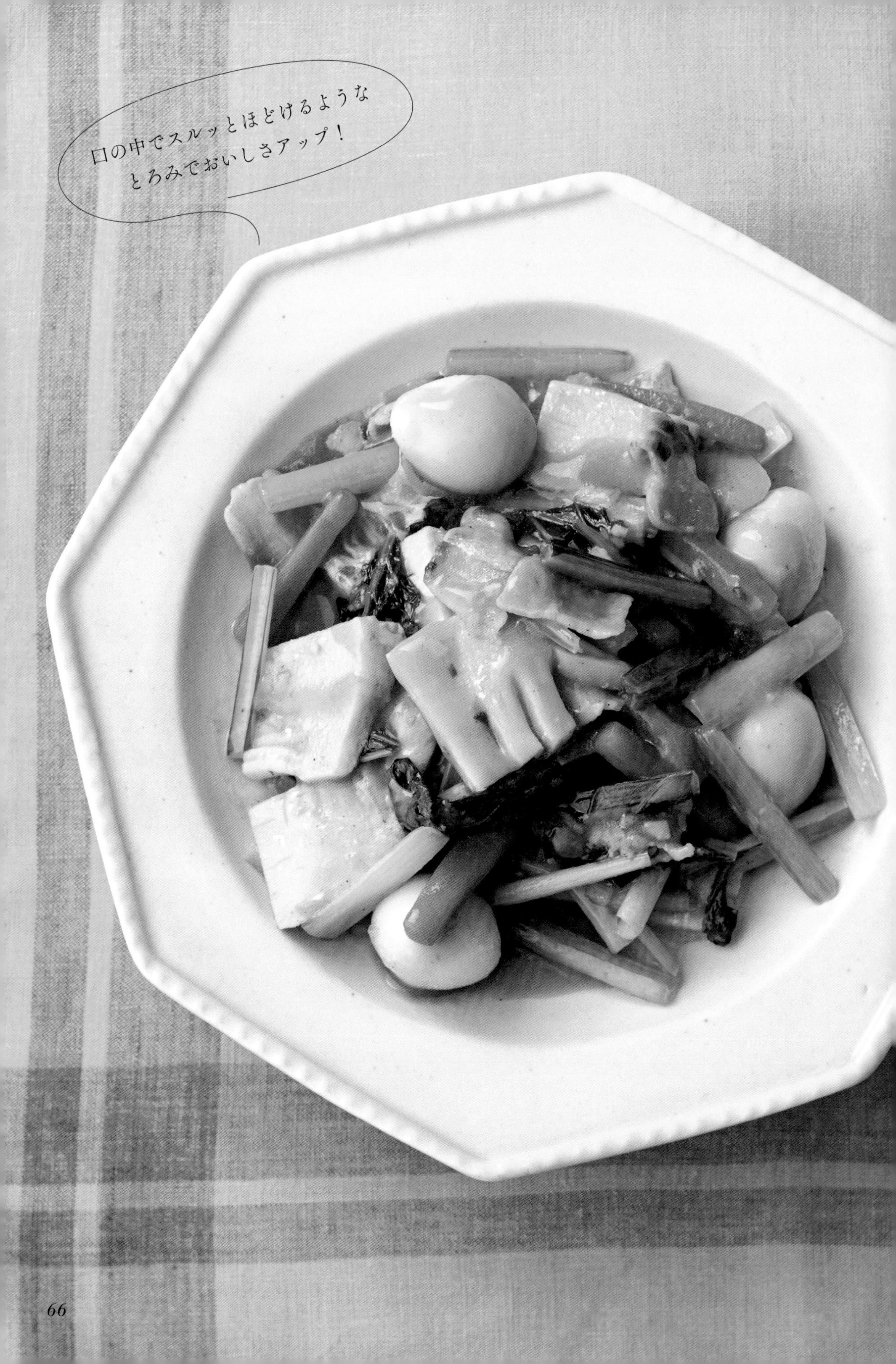
口の中でスルッとほどけるような
とろみでおいしさアップ！

五宝菜

牛乳なし

米粉ならではの軽いとろみが、食材のおいしさを引き立てます。

材料（2人分）
豚バラ薄切り肉　80g
小松菜　2株
にんじん　20g
ゆでたけのこ　50g
うずらの卵の水煮　4個
にんにく、しょうが（みじん切り）　各小さじ½
塩、こしょう　各少々
ごま油　小さじ1
A水　100㎖
　米粉（もったり系）　小さじ2
　酒　小さじ1
　しょうゆ　小さじ1
　オイスターソース　小さじ1

作り方

1　豚肉は2㎝幅に切り、小松菜はざく切り、にんじんは拍子木切り、たけのこは薄切りにする。

2　Aを合わせる。

3　熱したフライパンにごま油、にんにく、しょうがを入れて炒め、香りが出てきたら肉を加えて炒め、塩、こしょうを振る。

4　野菜を加えて全体に火が通ったら、Aとうずらの卵を加える。とろみがつくまで煮て、器に盛る。

Point

米粉を使うと、ダマになったり、すぐに固まったりすることがなく、徐々にとろみがついていきます。あわててかきまぜなくても大丈夫です。

スパイシーな
大人の味

えびのチリソース煮

米粉のとろみはダマにならないので、とても扱いやすく便利です。
辛いのが苦手な人は、材料の豆板醤の量を少なくしてください。

材料（2人分）

むきえび　160g
米粉（もったり系）　小さじ2
ねぎ（みじん切り）　30g
にんにく、しょうが
　（みじん切り）
　　各小さじ½
豆板醤　小さじ½
トマトケチャップ
　　大さじ2
米粉（もったり系）
　　小さじ1
塩、こしょう　各少々
ごま油　小さじ2

作り方

1　えびは背わたをとり、塩（分量外）を振る。よく洗って水けをとり、米粉をまぶす。

2　フライパンにごま油小さじ1を熱し、えびを焼いて塩、こしょうを振りとり出す。

3　2のフライパンにごま油小さじ1、ねぎ、にんにく、しょうがを入れ、香りが出てきたら豆板醤、トマトケチャップを加え、弱火にして2〜3分炒め、水50㎖を加える。

4　えびを戻し、水大さじ3でといた米粉を加えてとろみをつけ、全体をまぜる。

Point

とろみには、水でといた米粉を使います。全体にからめ、つやが出てきたら完成です。

麻婆豆腐

米粉のとろみは固まらないのでひき肉や豆腐がかたくならず、うまみをキープ！

材料（2人分）

豚ひき肉　80g

木綿豆腐　200g

ねぎ（みじん切り）　30g

豆板醤　小さじ1

米粉（もったり系）　小さじ1

しょうが、にんにく（みじん切り）

　　各小さじ1

塩、こしょう　各少々

ごま油　小さじ2

A 水　100㎖

　米粉（もったり系）　小さじ1

　オイスターソース　小さじ2

　しょうゆ　小さじ1

　塩、こしょう　各少々

作り方

1　豆腐はキッチンペーパーで包み、水けをきり、サイコロ状に切る。Aを合わせる。

2　熱したフライパンにごま油、しょうが、にんにく、ねぎを入れ、弱火で香りが出るまでよく炒める。

3　ひき肉、豆板醤、米粉を加え、中火にしてひき肉に火が通るまでよく炒め、塩、こしょうを振る。

4　Aを加え、ひと煮立ちしたら豆腐も加え、とろみがつくまで煮込む。

Point

ひき肉に米粉を振りかけることでうまみをキープし、しっとり仕上がります。

簡単なのに本格的！

ポークカレー

米粉を入れると具材のまとまりがよく、うまみを逃さないので深みのある味わいに。

材料（2～3人分）

豚肉（カレー用）　250g

下味

　塩　小さじ½
　こしょう　少々
　カレー粉　小さじ1
　米粉（もったり系）
　　小さじ1

玉ねぎ　1個

トマト　½個（100g）

にんにく、しょうが
　（みじん切り）
　各小さじ1

カレー粉　大さじ2

米粉（もったり系）
　大さじ1

しょうゆ　小さじ1～2

米油　大さじ1⅓

作り方

1　豚肉に下味をつける。

2　玉ねぎは薄切り、トマトはざく切りにする。

3　鍋に油大さじ1、にんにく、しょうがを入れ、炒める。香りが出てきたら玉ねぎを加え、しんなりとするまで弱火でしっかりと炒める。さらにカレー粉、米粉を入れ、1～2分炒める。

4　フライパンに油小さじ1を熱し、全体に焼き目がつくまで豚肉を焼く。

5　3にトマトを加えてさらに炒める。水300㎖を加え、煮立ったら4を加え、20分ほど煮込み、しょうゆを加える。器にあたたかいごはん（適量）を盛り、カレーをかける。

Point

米粉のコーティング力で玉ねぎの甘さがグンと引き立ちます。

トマトがうまみをプラス！

甘さと辛さの
バランスが絶妙

キーマカレー

卵なし　牛乳なし

簡単で、ひき肉がふっくらおいしいキーマカレー。
スパイシーで、カレーパン（42 ページ）の具にもぴったりです。

材料（2 人分）

合いびき肉　200g
玉ねぎ　100g
にんじん　30g
にんにく、しょうが
　（みじん切り）
　各小さじ 1
塩　小さじ½
こしょう　少々
カレー粉　大さじ 2
米粉（もったり系）
　大さじ 1
トマトケチャップ
　大さじ 1
ウスターソース、
　しょうゆ　各小さじ 1
米油　小さじ 2

作り方

1 玉ねぎ、にんじんはみじん切りにする。

2 フライパンに油、にんにく、しょうがを入れ、炒める。香りが出てきたら玉ねぎを加え、しんなりするまでよく炒める。にんじんを加えてさらに炒める。

3 ひき肉を加え、塩、こしょうして、焼きつけるようにしっかり 3 〜 4 分炒める。

4 カレー粉、米粉、トマトケチャップを加え 1 〜 2 分炒める。

5 水200mlを加え、とろみがつくまで弱火にして煮込み、ウスターソースとしょうゆで味をととのえる。器に盛り、あればナン（39ページ）を添える。

Point

野菜やひき肉など、全体に米粉をからめるように炒めるとしっとりと仕上がります。

やさしい甘みとコクが
最高の一品

ビーフストロガノフ

卵なし

米粉は小麦粉よりもさっと炒めることができます。
とても扱いやすいので、さまざまな料理におすすめです。

材料(2人分)
牛薄切り肉　150g
玉ねぎ　50g
マッシュルーム
　　3〜4個(50g)
にんにく(みじん切り)
　　½かけ
バター　10g
白ワイン　大さじ2
米粉(もったり系)
　　大さじ1
サワークリーム　40g
ウスターソース
　　小さじ2
塩、こしょう　各少々
オリーブオイル
　　小さじ1

作り方

1　牛肉は食べやすい大きさに切る。玉ねぎは薄切りにする。マッシュルームは石づきを切り、薄切りにする。

2　フライパンにオリーブオイル、玉ねぎ、にんにくを入れ、弱火でじっくりと炒める。

3　玉ねぎがしんなりしたら端に寄せ、マッシュルームをさっと炒める。バターと牛肉を加え中火にし、肉の色が変わるまで炒める。

4　ワインを加え、水分がとぶまで炒める。

5　米粉を加えて粉っぽさがなくなるまで炒め、水200mlを加えて3分ほど煮込む。サワークリームを加え、さらに5分煮込む。

6　ウスターソース、塩、こしょうで味をととのえる。器に盛り、サワークリーム(分量外)をのせる。

Point
米粉の白さがなくなったらOKです。小麦粉よりも時間がかかりません。

えびのフリッター

小麦粉で衣を作るとダマにならないように注意が必要ですが、
米粉はダマにならないので、手早く料理できます。

材料（2人分）

えび　6尾
パプリカ、ズッキーニ
　各適量
塩、こしょう　各少々
米粉（もったり系）
　小さじ1

フリッター衣
　卵　1個
　米粉（もったり系）
　　大さじ2
　水　大さじ1
　塩　少々
揚げ油　適量

作り方

1　えびは殻をむいて背わたをとり、塩、こしょうを振る。流水で洗いキッチンペーパーなどでよく水けをとる。尾の先を切り、中に入っている水分を包丁でこそげ出す。パプリカとズッキーニは食べやすい大きさに切る。

2　卵は卵黄と卵白に分ける。卵黄、米粉、水を合わせる。別のボウルで卵白と塩を角が立つまで泡立てる。卵黄の生地に泡立てた卵白を入れ、さっくりと合わせる。

3　えびと野菜に米粉を薄く振り、**2**をたっぷりとつけて油で揚げ焼きにする。器に盛り、好みでレモンを添える。

Point

ダマにならないので、卵黄、米粉、水は全部一緒にまぜてOK。小麦粉のように手間がかかりません。

衣がサクッ、ふわっ！

ポークピカタ

米粉効果で、ヒレ肉がやわらかく焼き上がります。

材料(2人分)
豚ヒレ肉(かたまり) 160g
塩 小さじ¼
こしょう 少々
米粉(もったり系)
　小さじ1
ピカタ液
　卵 1個
　米粉(もったり系)
　　小さじ1
　粉チーズ 大さじ2
オリーブオイル 小さじ2

作り方

1 豚肉は1cm厚さに切り、塩、こしょうを振って米粉をまぶす。

2 ピカタ液の材料をまぜる。

3 熱したフライパンにオリーブオイルを入れ、1を2にくぐらせて全体につけ、弱めの中火で両面を焼く。あればリーフレタス、ミニトマトを添える。

Point

ピカタ液は、ボウルに材料を全部入れて一緒にまぜるだけ。

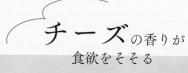

チーズの香りが
食欲をそそる

中までふんわりやわらかい！

ロールキャベツ

卵なし　牛乳なし

肉だねに米粉を入れてひき肉をふんわりさせ、
キャベツに振った米粉でうまみを閉じ込めて仕上げます。

材料（2人分）

キャベツ（大きめの葉）　4枚
米粉（もったり系）　小さじ2

肉だね

ひき肉　100g
A 玉ねぎ　30g
　 塩　小さじ1/4
　 こしょう　少々
　 トマトケチャップ　小さじ1/2
　 ナツメグ　少々
　 米粉（もったり系）　小さじ1/2
　 水　大さじ1/2

煮汁

　 ベーコンスライス
　 　（1cm幅に切る）　1枚
　 トマトケチャップ　大さじ3
　 オリーブオイル　小さじ1
　 水　200ml
　 塩、こしょう　各少々
　 ローリエ　1枚

作り方

1 キャベツをやわらかくゆで、水けをとる。玉ねぎはみじん切りにする。

2 ボウルにAを合わせてよくまぜ、ひき肉を加えてさらに粘りが出るまでまぜる。4等分して俵形にととのえる。

3 キャベツを広げて米粉を振り、2を包む。

4 フライパンを熱し、オリーブオイル、ベーコン、トマトケチャップを入れ、3分ほど弱めの中火で炒める。

5 トマトケチャップの甘い香りがしてきたら水を加え、沸騰したら3の巻き終わりを下にして入れる。ローリエを入れ、ふたをして15分煮込む。塩、こしょうで味をととのえ、器に盛る。

Point

キャベツの内側（肉だねをのせる側）に米粉を振ります。茶こしなどでふるう必要はありません。

ふんわり食感の
お肉がおいしい！

チキンのトマト煮

卵なし　牛乳なし

米粉をまぶして表面をカリッと焼いた鶏肉は、ふんわりジューシーに。

材料(2人分)

鶏もも肉　250g
塩　小さじ½
こしょう　少々
米粉(もったり系)
　　大さじ1
玉ねぎ　¼個
トマト　1個(200g)
白ワイン　大さじ1
にんにく(みじん切り)
　　½かけ
しょうゆ　小さじ1
オリーブオイル
　　小さじ2

作り方

1 鶏もも肉は一口大に切り、塩、こしょうを振って米粉をまぶす。玉ねぎはみじん切り、トマトはざく切りにする。

2 熱したフライパンにオリーブオイルを入れ、鶏肉を皮目から入れて両面焼き目をつける。ワインを加え、1分ほど加熱する。いったん鶏肉をとり出す。

3 2のフライパンで玉ねぎ、にんにくをよく炒める。玉ねぎがしんなりしたらトマト、あればパプリカパウダー小さじ2を加え、2〜3分炒める。

4 水150㎖を加え、煮立ったら鶏肉を戻し、ふたをして弱めの中火で10分ほど煮込む。

5 しょうゆで味をととのえる。器に盛り、あればパセリのみじん切りを散らす。

Point

鶏肉に米粉を振りかけたら、全体にまぶします。米粉がうまみを閉じ込め、さらりとしたとろみをつけます。

トーストすると
さらに
おいしい！

クリーミー

チーズフォンデュ

卵なし

米粉を入れると、なめらかなチーズフォンデュになります。
冷めても分離せず、かたくなりません。好みの材料をつけてお楽しみください。

材料（2人分）
牛乳　100㎖
米粉（もったり系）　大さじ1
ピザ用チーズ　100g
ブロッコリー、じゃがいも、
　かぼちゃ、米粉パンなど
　各適量

作り方

1　ブロッコリー、じゃがいも、かぼちゃ
はゆでる。

2　ピザ用チーズに米粉をまぶす。

3　耐熱容器に牛乳を入れて火にかけ、あ
たたまったら**2**を入れる。チーズがとけた
ら火からおろす。

4　好みの野菜、米粉パンを食べやすい大
きさに切って盛り合わせ、つけて食べる。

Point
米粉を入れ、手で軽くほぐ
すようにしながら、まんべ
んなくまぶします。

ピーマンの肉詰め

卵なし　牛乳なし

ピーマンの内側に米粉を振り、肉だねにも入れるダブルの米粉効果で、
ひき肉がかたくならず、全体がふんわりまとまります。

材料(2人分)

ピーマン　3個

米粉(もったり系)　適量

ひき肉　150g

A 玉ねぎ　¼個(50g)

　米粉(もったり系)　小さじ1

　水　大さじ1

　トマトケチャップ　小さじ1

　塩　小さじ¼

　黒こしょう　少々

米油　小さじ1

ソース

　トマトケチャップ　大さじ2

　砂糖　ひとつまみ

　しょうゆ　小さじ½

　水　大さじ3

作り方

1 玉ねぎはみじん切りにし、ピーマンは縦半分に切り、種をとる。

2 ボウルにAを入れてまぜる。

3 ひき肉を加えてよくまぜる。

4 ピーマンの内側に米粉を薄く振る。3を6等分にし、ピーマンにすき間なく詰め、表面を平らにする。

5 フライパンに油を熱し、4の肉側を下にして焼き、焼き色がついたら返す。弱火にしてじっくり中まで火を通す。

6 器に盛り、同じフライパンにソースの材料を入れ、ひと煮立ちさせて回しかける。

Point

米粉を振っておくと、ピーマンと
肉だねをくっつけ、肉をふんわり
させる効果があります。内側全体
に薄く振りましょう。

冷めても
ふんわり

のっぺい汁

卵なし　牛乳なし

水どき米粉を使うと汁全体に米粉がまじりやすく、まろやかな味わいに。

材料（2人分）

大根　30g
にんじん　20g
ごぼう　20g
里いも　1個
油揚げ　¼枚
ねぎ　30g
だし　300mℓ
しょうゆ　小さじ1
みりん　小さじ1
塩　小さじ¼
米粉（もったり系）
　大さじ1
小ねぎ　適量

作り方

1　大根、にんじん、ごぼう、里いも、油揚げは1.5cm角に切る。ねぎは小口切りにする。

2　鍋にだしと1を入れて煮込み、しょうゆ、みりん、塩で味をつける。

3　水大さじ2でといた米粉を入れてとろみをつける。器に盛り、小ねぎの小口切りを散らす。

Point
米粉は、水でといてから使います。

中華風卵スープ

牛乳なし

ほんの少しのとろみと、ふんわり卵との相性が抜群！

材料（2人分）

卵　1個
米粉（もったり系）
　小さじ1
Aねぎ（みじん切り）
　　大さじ2
　水　300mℓ
　ごま油　小さじ1
　オイスターソース
　　小さじ1
　塩　小さじ⅓

作り方

1　卵はとき、米粉を加えてまぜる。

2　鍋にAを入れて煮立てる。

3　1を軽くまぜ、2に回し入れる。

4　器に盛り、好みでラー油をたらす。

Point
米粉は卵のほうに入れ、まぜてから使うと、にごらずにふんわりと仕上がります。

お手軽 きのこクリームスープ

見た目よりもあっさりしているので、和食にもおすすめ。

材料(2 人分)

ベーコン　1枚
しめじ　30g
しいたけ　1個
バター　10g
玉ねぎ(みじん切り)　50g
にんにく(みじん切り)　小さじ½
白ワイン　大さじ1
米粉(もったり系)　大さじ1
牛乳　200ml
塩　小さじ⅓
こしょう　少々

作り方

1 ベーコンは1cm幅に切る。しめじは石づきをとり、ほぐす。しいたけは石づきをとり、薄切りにする。

2 鍋にバターと玉ねぎ、にんにくを入れて炒め、玉ねぎがしんなりしたらベーコンときのこを入れて炒める。香りが出たら、ワインを振り入れる。

3 米粉を加えてよくまぜ、水100mlを加え、全体をなじませる。

4 牛乳を加え、とろみがつくまで煮て、塩、こしょうで味をととのえる。器に盛り、あればパセリを散らす。

Point

グルテンが入っていると冷めると固まりますが、米粉だと冷めても大丈夫です。

キャロットスープ

とろ〜りとしたスープで、体の芯からあったまる!

材料(2 人分)

にんじん　小1本(100g)
玉ねぎ　50g
バター　小さじ1
米粉(もったり系)　大さじ1
牛乳　150ml
塩、こしょう　各少々

作り方

1 にんじんは薄切り、玉ねぎは繊維を切るように薄切りにする。

2 鍋にバターを入れ、にんじんと玉ねぎをじっくり炒める。

3 しんなりしたら米粉を入れて炒め、水150mlを入れてコトコト煮る。

4 やわらかくなったらブレンダーでこまかくし、牛乳を注いでひと煮立ちさせ、塩こしょうで味をととのえる。器に注ぎ、あればパセリを散らす。

Point

ふたをして、とろみがつくまでコトコト煮るのがポイント。かぼちゃやじゃがいもなど、でんぷん質の野菜を入れなくてもとろ〜りとした野菜スープに。

ぶりの照り焼き

米粉を振るだけで、ぶりがふっくらと焼き上がります。

材料(2人分)
ぶり(切り身)　2切れ
米粉(もったり系)
　小さじ1
Aみりん、酒、
　　しょうゆ
　　各大さじ1½
　砂糖　小さじ2
ししとうがらしなど
　つけ合わせ　適量
米油　適量

作り方

1　ぶりは塩(分量外)を軽く振り、3分おいて水けをよくふく。

2　Aを合わせる。

3　ぶりに米粉をまぶす。

4　フライパンを熱して油を入れ、ししとう、ぶりを盛りつけるほうを下にして1分ほど焼く。

5　上下を返して、30秒ほど焼き、2を回しかけてフライパンを揺すりながらとろみをつける。器に盛り、ししとうを添える。

Point
ぶりの両面に米粉をまぶします。たれにとろみがつき、ぶりがふっくらします。

さばの立田揚げ

米粉をつけたら、2～3分おくことで米粉がなじみ、カリッと揚がります。

材料(2人分)
さば　2切れ
Aしょうゆ　小さじ2
　おろししょうが
　　小さじ1
米粉(もったり系)
　大さじ1½～2
揚げ油　適量

作り方

1　さばは3cm幅に切り、骨などを除く。塩(分量外)を軽く振り、3分おいて水けをよくふく。

2　Aを合わせ、1を10分ほどつける。

3　さばの汁けをとって米粉をまぶし、2～3分おく。

4　170℃の揚げ油で揚げる(揚げ焼き程度でよい)。器に盛り、好みでレモンを添える。

Point
作り方3で汁けをとるときは、軽くキッチンペーパーに吸わせる程度でOKです。

おつまみ手羽先

卵なし 牛乳なし

米粉をまぶして焼いた表面はカリッ、肉はジューシー。

材料(2人分)

鶏手羽先　6本
米粉(もったり系)
　大さじ1
Aみりん、しょうゆ、
　│　酒　各大さじ1½
　│砂糖　小さじ2
いり白ごま　適量
米油　大さじ2

Point

手羽先全体に米粉をしっかりとまぶしてうまみを閉じ込め、肉をふんわりさせます。

作り方

1　手羽先は水けをよくふく。Aを合わせる。

2　手羽先に米粉をまぶし、なじむまで3分ほどおく。

3　フライパンに油を熱し、2を入れて火が通るまでじっくり、こんがり両面を焼く。

4　フライパンの余分な油をキッチンペーパーでふきとり、Aを回し入れる。とろみがついたら器に盛り、ごまを振る。

チキンナゲット

卵なし 牛乳なし

米粉を入れると、冷めてもふんわりしているので、お弁当にもおすすめです。

材料(8個分)

鶏ひき肉　100g
厚揚げ　50g
A米粉(もったり系)
　│　大さじ1
　│おろしにんにく
　│　小さじ¼
　│塩　小さじ¼
　│こしょう　少々
　│水　小さじ2
揚げ油　適量

作り方

1　ボウルにAを入れ、ゴムべらでまぜる。

2　ひき肉と厚揚げを加え、粘りが出るまでよくまぜる。

3　8等分し、小判形にととのえ、少し多めの油で揚げ焼きにする。器に盛り、好みでフリルレタスとトマトケチャップを添える。

Point

米粉を入れまぜることで、ひき肉と厚揚げがふんわりします。

かぼちゃの
そぼろあん

卵なし　牛乳なし

米粉を入れて、そぼろあんをふんわりとまとめました。
ひき肉もやわらかくてジューシーになります。

材料（2人分）

かぼちゃ　200g
Aだし　150mℓ
　みりん、しょうゆ
　　各大さじ1
B鶏ひき肉　80g
　おろししょうが
　　小さじ½
　米粉（もったり系）
　　小さじ1

作り方

1　かぼちゃは3cm角程度に切り、Aとともに鍋に入れて火にかける。鍋のふたを少しずらして、かぼちゃがやわらかくなるまで煮る。

2　かぼちゃを器に盛り、煮汁にBを入れて火にかける。ひき肉をほぐすようにまぜながら火を通す。とろみがついたらかぼちゃに回しかける。

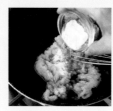

Point

かぼちゃをとり除いた煮汁にBを入れて火を通します。ほぐすようにまぜると、ふんわりやさしいとろみが肉全体にからみます。

天ぷら

牛乳なし

米粉ならではのサクサクした食感の衣で、
食材のおいしさを閉じ込めます。

材料（作りやすい分量）

衣
　卵　1個
　冷水　150mℓ
　米粉（もったり系）
　　100g
えび、ししとうがらし、
　さつまいも、なす、
　かぼちゃ、
　青じその葉など
　好みの具材　各適量
揚げ油　適量

作り方

1　好みの具材を準備する。

2　衣の材料をまぜる。

3　具材を2にくぐらせ、170℃の油で揚げる。器に盛り、好みで天つゆや塩を添える。

Point

材料をよくまぜ、衣を作ります。具材の水けをよくきってから衣をつけると、カラッと揚がります。

キャベツのミルフィーユ蒸し

卵なし 牛乳なし

米粉がキャベツと肉のなじみをよくし、肉のやわらかさをキープ。

材料(2人分)
キャベツ　5〜6枚(200g)
豚バラ薄切り肉　150g
米粉(もったり系)　大さじ1
塩、こしょう　各少々
Aみりん　大さじ1
　しょうゆ　大さじ1
　米粉(もったり系)
　　小さじ1
　こしょう　少々

作り方

1　豚肉は3cm幅に切り、米粉、塩、こしょうをまぶす。

2　深めのフライパンや鍋にキャベツ→豚肉→キャベツの順に重ねていく。水100mlを加えてふたをし、弱めの中火で20分蒸し煮にする。

3　器に盛り、2の鍋にAを加え、とろみがつくまで火を通してキャベツに回しかける。

Point

米粉、塩、こしょうを肉全体になじませるように、やさしくまぜながらまぶします。

お肉がやわらか ジューシー

とろみだれ＋肉
＝最高！

野菜の肉巻き

濃厚なとろみにしても、米粉だとかたまりになりません。
口に入れるとやさしくとけていきます。

材料（2人分）

豚ロース薄切り肉
　（しゃぶしゃぶ用）
　　12枚（160g）
米粉（もったり系）
　小さじ1〜2
さやいんげん　8本
にんじん
　（5mm角の10cm棒状）　8本
たれ
　水　大さじ3
　米粉（もったり系）
　　小さじ½
　みりん　小さじ1
　砂糖　小さじ1
　しょうゆ　小さじ2
ごま油　小さじ1

作り方

1　肉を3枚広げ、米粉を振る。いんげん、にんじんを2本ずつおいてくるくる巻く。残りも同様にし表面にも米粉をまぶす。

2　熱したフライパンにごま油を入れ、1を焼く。

3　焼き目がつき肉に火が通ったら、合わせておいたたれを回し入れる。とろみがついたら食べやすい大きさに切り、器に盛る。

Point

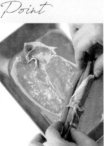

肉の内側に米粉を薄く振り、巻き終わったら表面にも米粉をまぶしておきます。

たれを回し入れ肉にからませ、照りが出てとろみがついたらOKです。

カリッ　サクッ　ふんわり

れんこんのはさみ焼き

肉だねと表面へのダブル米粉使いで、中はしっとりふんわり
外はカリッとした食感になります。豚ひき肉を使ってもおいしい！

材料（2人分）

れんこん（7〜8mm厚さの
　輪切り）　8枚
A 鶏ひき肉　120g
　米粉（もったり系）　小さじ2
　酒　小さじ1
　しょうゆ　小さじ½
　塩　小さじ¼
　こしょう　少々
　おろししょうが　小さじ½
　水　大さじ1
米粉（もったり系）　大さじ1
米油　適量

作り方

1　ボウルにAを合わせ、よくまぜる。

2　4等分してれんこんにはさみ、米粉
をまぶす。

3　熱したフライパンに少し多めの油を
入れ、2を弱火でじっくり焼く。焼き目
がついたら上下を返してふたをし、3分
ほど蒸し焼きにする。器に盛り、好みで
酢じょうゆを添える。

Point

米粉が全体にまざるよう
に、よくまぜ合わせると、
ひき肉がふんわりおいしく
なります。

厚揚げの煮物

だしの中に米粉を入れて、
さっぱりしたとろみがおいしい厚揚げの煮物です。

材料（2人分）

厚揚げ　200g
Ａだし　100㎖
　しょうゆ　小さじ2
　みりん　小さじ1
　砂糖　小さじ1
　米粉（もったり系）
　　小さじ1強

作り方

1　厚揚げは食べやすい大きさに切る（1枚を4等分もしくは3㎝角）。

2　小鍋に湯を沸かし、1を入れて1〜2分ゆで、湯を捨てる。

3　2の鍋にＡを入れて煮立て、落としぶたをし、弱火で8〜10分煮る。器に盛り、好みで七味とうがらしを振る。

Point

湯を捨てた鍋にＡを入れて、とろみがつくまで加熱します。

揚げ出し豆腐

米粉をまぶして揚げるだけで、
自宅でおいしい揚げ出し豆腐ができます。

材料（2人分）

木綿豆腐　200g
ししとうがらし
　4本
米粉（もったり系）
　大さじ1
揚げ油　適量
Ａだし　150㎖
　米粉（もったり系）
　　小さじ2
　しょうゆ
　　大さじ½
　みりん
　　大さじ½
おろししょうが
　適量

作り方

1　豆腐は食べやすい大きさ（3×4㎝程度）に切る。キッチンペーパーで包み、5分ほどおく。

2　米粉をまぶし、そのまま1分ほどおく。

3　鍋にＡを入れて火にかけ、とろみがつくまでまぜる。

4　油を170℃くらいに熱し、2を3分ほど、こんがりと揚げる（揚げ焼き程度でよい）。ししとうがらしも一緒に揚げる。

5　器に盛り、3を回しかけ、しょうがをのせる。

Point

豆腐の全部の面に米粉をつけ、1分ほどおき、豆腐と米粉をなじませると衣がはがれにくくなります。

豆腐焼きがんも

卵なし 牛乳なし

米粉とひじきに豆腐の水分を吸わせるので、
豆腐の水きり不要のお手軽がんもです。

材料(2人分)

木綿豆腐　150g
芽ひじき(乾燥)
　　大さじ1強
枝豆(冷凍)　正味20g
　(10さや程度)
米粉(もったり系)
　　大さじ1
しょうゆ　小さじ1
塩　少々
米油　適量

作り方

1　枝豆はさやからとり出す。
＊枝豆のかわりにコーンやむき
えびなどを入れても。

2　ボウルに豆腐、さっと洗っ
て水けをきったひじき、米粉を
入れ、豆腐をつぶしながらまぜ
る。15〜20分そのままおいて
ひじきに水分を吸わせる。

3　しょうゆ、塩、1を加えて
まぜ、6等分して丸め、油で揚
げ焼きにする。

Point

ひじきはもどさずにさっと洗って水けを
とるだけでOK。豆腐の水分で乾燥ひじ
きをもどすというミラクル作戦です!

ココットスフレ

米粉を入れると卵がなめらかになり、つるっとした食感になります。

**材料(直径7×高さ5cm
のココット4個分)**

ブロッコリー　20g
ミニトマト　2個
ベーコン　½枚
卵　1個
米粉(もったり系)
　　小さじ1
牛乳　200mℓ
塩　ひとつまみ
こしょう　少々
粉チーズ　小さじ2

作り方

1　ブロッコリーは食べやす
い大きさにし、ミニトマトは
半分に切る。ベーコンは1cm
幅に切る。

2　卵はボウルに入れてほぐ
し、米粉、牛乳、塩、こしょ
う、粉チーズを加えまぜる。

3　ココットに1を入れ、2
を注ぎ入れる。

4　ラップをせずに湯せんで
7〜8分、または電子レンジ
(200W)で6〜7分加熱(表
面が固まったらOK)する。

Point

米粉を入れると食感がなめらかにな
り、多少失敗してもざらざらしません。

だし巻き風
びっくり卵焼き

牛乳なし

だし不使用なのに、まるでだし巻き卵！
米粉を入れると破れにくく、
きれいに巻けてまさにびっくりの卵焼きです。

材料（作りやすい分量）
卵　4個
A 米粉（もったり系）
　　小さじ1
　砂糖　小さじ1
　しょうゆ
　　小さじ1
　塩　ふたつまみ
　水　100ml
米油　適量

Point
卵に米粉をまぜると、割れにくいので巻きやすく、少し弾力のあるつるんとした食感になります。

作り方
1　卵は割りほぐし、Aを加える。

2　卵焼き器に油を薄く引き、1の1/5量を流し入れ、半熟状になったら、手前からくるくると巻く。

3　卵焼き器のあいた部分に油を薄く引き、2と同量の卵液を流し入れ、巻いた卵の下やあいたスペースに卵液を広げる。半熟状になったら1回目と同様に手前から巻き、形をととのえる。

4　3と同じ作業を3回繰り返す。切り分けて器に盛る。

※よりなめらかに仕上げるコツ
まぜ合わせた卵液を一度ざるでこすとよりなめらかで口当たりのよいだし巻き卵になります。

薄焼き卵野菜巻き

牛乳なし

薄焼きでも米粉効果で破れにくく、巻きやすい！ 薄焼き卵サラダです。

材料（4本分）
卵　2個
米粉（もったり系）
　小さじ1/2
塩　少々
きゅうり　1/2本
レタス　3枚
にんじん　30g
ロースハム　3枚
スイートチリソース
　適宜
米油　適量

作り方
1　きゅうり、レタス、にんじん、ハムはせん切りにする。

2　卵、米粉、塩、水小さじ2を合わせ、よくまぜる。熱したフライパンに油を薄く引き、1/4量を入れて薄く焼く。同様に計4枚焼く。

3　1をそれぞれ4等分して2で巻く。切り分けて器に盛り、好みでスイートチリソースを添える。

Point
具材をキュッと締めながら巻いていきます。米粉の弾力で巻きやすくなっていますが、力の入れすぎには注意を。

PART4

罪悪感なし！
米粉の
おやつ

米粉が、だれかにプレゼントしたくなるような、ステキな絶品スイーツになりました。米粉の特徴を生かしつつ、甘さ控えめでヘルシーなレシピばかり！ グルテンアレルギーのかたも一緒におやつの時間を楽しめるように、すべてグルテンフリーです。

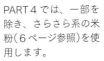

PART 4 では、一部を除き、さらさら系の米粉（6ページ参照）を使用します。

やさしい甘さ 何個でも食べたくなる！

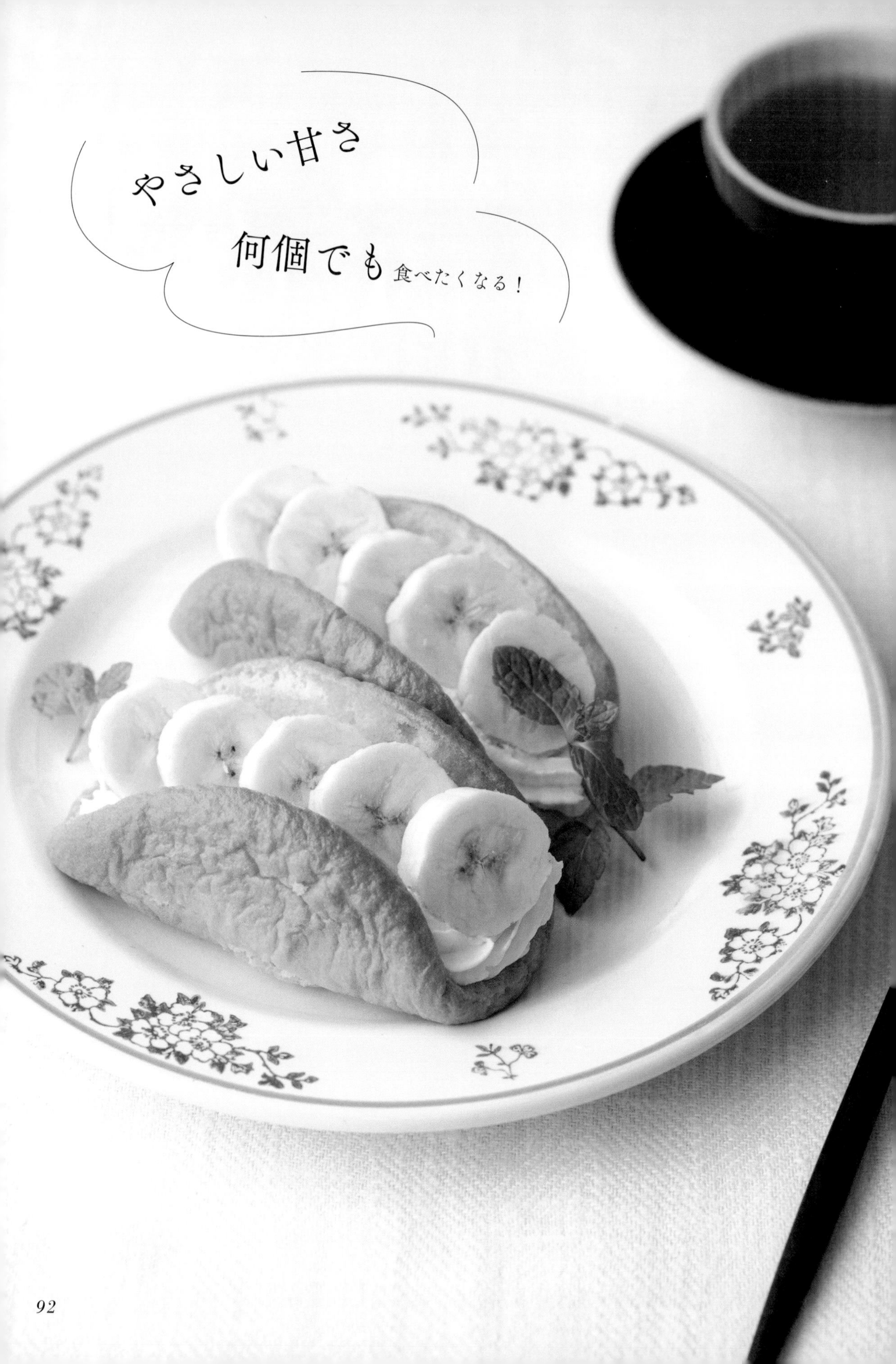

オムレット

ふっくら、もちっとした米粉ならではの生地がクセになる!

材料(直径約10㎝ 4個分)
卵　1個
砂糖　20g
米粉(さらさら系)　20g
ホイップクリーム　適量
バナナ　1本

作り方

1　卵はボウルに割り入れてまぜ、砂糖を加えてまぜる。

2　40℃の湯せんであたため、人肌くらいになったら湯せんからはずし、泡立て器で生地が白っぽくもったりする(すくい上げるとリボン状になるくらい)まで泡立てる。

3　米粉を加え、泡立て器で生地をすくい上げて落とすを、粉っぽさがなくなるまで4～5回行う。

4　天板にクッキングシートを敷き、玉じゃくしなどで直径8㎝くらいに生地を流し、160℃に予熱したオーブンで8分焼く。

5　生地が冷めたら生地のまん中にホイップクリームと輪切りにしたバナナをのせてサンドし、あればミントの葉を飾る。

Point

8㎝くらいで焼くと、10㎝くらいにふくらむので、隣との距離を考えて流し込みます。

プリン

米粉を使ったプリンは、弾力があるのに口の中に入れるとなめらかな食感です。

材料(カップ4個分)

A米粉(もったり系)
  　大さじ2
　砂糖　大さじ3
　牛乳　250㎖
卵　1個(50g)
粉ゼラチン　5g
　(水大さじ2でふやかす)
バニラエッセンス　少々

カラメルソースの材料
　砂糖　大さじ4
　水　大さじ2
　湯　大さじ2

作り方

1　耐熱容器にAを入れてよくまぜ、ラップせずに電子レンジで2分加熱する。とり出してよくまぜ、さらに1分加熱する。

2　熱いうちにふやかしたゼラチンを加え、よくまぜる。卵をといて加えてさらによくまぜる。あればバニラエッセンスを1〜2滴入れる。

3　ゼラチンがとけたら型に流し冷やし固める。

4　カラメルソースを作る。砂糖、水を小鍋に入れ、茶色に色づいたら火からはずし、湯を入れてまぜ、冷まして3にかける。

Point

電子レンジであたためたあとは、よくまぜて。よくまぜないと、口あたりがなめらかになりません。

アーモンドチュイール

牛乳なし

米粉のチュイールは薄くてもかみごたえがあり、かめばかむほどおいしい！

材料（12枚分）
米粉（さらさら系）
　20g
砂糖　大さじ1
塩　ひとつまみ
卵白　30g
米油　10g
スライスアーモンド
　30g

作り方
1　ボウルに米粉、砂糖、塩を入れてまぜ、卵白を加えて泡立て器でまぜ（泡立てる必要はない）、米油を加えてさらにまぜる。

2　アーモンドを加え、ざっとまぜ合わせる。

3　天板にクッキングシートを敷いて2を5〜6cmずつ薄く広げ180℃に予熱したオーブンで10分焼く。

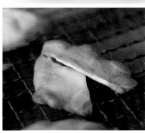

Point
薄く広げることで、パリッとした仕上がりになります。また、グルテンがないので焼き上がりがもろくなります。大きくしすぎないのがコツです。

むっちり
しっとり

おやつクレープ

米粉の生地は冷めてもおいしい。ホイップクリームのかわりに
ヨーグルトやアイスクリームを入れても。

材料(直径18cm 4〜5枚分)

卵　1個(50g)
砂糖　大さじ1
米粉(さらさら系)　30g
牛乳(豆乳)　100mℓ
バニラエッセンス
　2〜3滴
米油　適量
ホイップクリーム、
　りんご、マスカット、
　いちご　各適宜

作り方

1　卵はボウルに入れ、泡立て器でまぜる。
砂糖を加えまぜ、米粉を加えてさらにまぜ
る。

2　牛乳を少しずつ加えて、そのつどよく
まぜる。

3　油小さじ1、バニラエッセンスを加え
てまぜる。

4　小さめのフライパンを熱し、弱火にし
てキッチンペーパーなどで油を薄く引き、
3を薄く焼く。次を焼く前に生地をよくま
ぜる。

5　焼けたら冷まし、¼の部分にホイップ
クリームをしぼり、フルーツをのせて折り
たたむ。

Point

油が多いときれいに焼けないので、
キッチンペーパーなどで余分な油
をふきとると、きれいに焼けます。
米粉を入れた生地は薄くても切れ
にくいので、折りたたんだりする
のもスムーズです。

ヨーグルトジェラート　卵なし

ゼラチンのかわりに米粉を使うと、よりねっとりとして
高級ジェラートのような食感になります。

材料（4人分）
米粉（もったり系）
　20g
牛乳　100㎖
砂糖　大さじ2
プレーンヨーグルト
　150g

作り方

1　耐熱容器に米粉、牛乳、砂糖を入れてラップせずに電子レンジで1分30秒加熱し、泡立て器でよくまぜる。

2　あら熱がとれたら、ヨーグルトを少しずつ加えてまぜる。

3　保存容器に入れ冷凍庫で冷やす。2時間おきにとり出してまぜ、2回繰り返したら器に盛る。

Point
濃度の違うものを合わせるときは、少しずつ入れてなじませるときれいにまざります。ヨーグルトのほうがサラサラしているので、米粉生地に少しずつ入れてまぜていきましょう。

レンチン蒸しパン　卵なし　牛乳なし

簡単にできる蒸しパンです。
ウインナソーセージやチーズを入れて、
おかず蒸しパンにしても。

材料（2人分、15×15×深さ5㎝の容器1個分）
米粉（さらさら系）　60g
ベーキングパウダー
　小さじ1
黒糖（粉）　大さじ1
豆乳　80㎖
くるみ　15g

作り方

1　耐熱の保存容器に米粉、ベーキングパウダー、黒糖を入れてまぜ、豆乳を加えよくまぜる。粉っぽさがなくなったら、くるみを散らし、ふたをせずに電子レンジで2分30秒加熱する。

2　あら熱がとれたらとり出して4つに切り、器に盛る。

Point
米粉は小麦粉と違い、ふるわずに使えてダマにならないので、簡単にまざります。豆乳のかわりに、牛乳や水で作ってもOK。

ラム酒につけた
ドライフルーツが
大人の味

パウンドケーキ

牛乳なし

ドライフルーツをたっぷり入れて、リッチテイストに。
しっとりした生地とドライフルーツのプチッとした食感をお楽しみください。

材料(16.5cmのパウンド型1台分)
バター(食塩不使用) 90g
砂糖 80g
卵 1個
卵黄 1個
米粉(さらさら系) 90g
ベーキングパウダー 小さじ1½
ドライフルーツ(ラム酒につけたもの。
Point参照) 150g

作り方

1 やわらかくクリーム状にしたバター
はボウルに入れ、泡立て器で少し白っぽ
くなるまでよくまぜる。バターがかたい
場合は電子レンジに30秒ほどかけ、や
わらかくする。

2 砂糖を3回に分けて加え、そのつど
まぜる。

3 卵と卵黄はとき、2に3回に分けて
加え、そのつどよくまぜる。

4 米粉とベーキングパウダーを加え、
ゴムべらにかえてまぜる。粉っぽさがな
くなってきたらドライフルーツを入れ、
生地がもったりとしてつやが出るまでま
ぜる。

5 クッキングシートを敷いた型に4を
流し入れ、中央をへこませる(こうすると
中央がふくらむ)。

6 180℃に予熱したオーブンで25〜30
分焼く。竹串を刺して何もつかなければ
焼き上がり。

Point

ドライフルーツを入れたら、生
地がもったりとしてつやが出る
までまぜます。

ドライフルーツは、熱湯をかけ
てふやかし、水けをふきます。
ラム酒につけ込むと、さらにお
いしくなります。

ミニサイズのパウンドケーキ

材料(8cmのパウンド型2台分)
同じ材料で、ミニサイズ
のパウンドケーキが2つ
できます。

作り方
1〜5はパウンドケー
キと同じで、焼き時間
を15分にする。

99

さっくり、しっとり

フルーツタルト

米粉とアーモンドプードルでサクサクで香ばしい生地が、
甘さ控えめカスタードとフルーツによく合います。

材料（直径6cmのタルト型4個分）
バター（食塩不使用）　30g
粉砂糖　20g
卵　15g（残りはカスタードに使用）
アーモンドプードル　10g
米粉（さらさら系）　50g
ブルーベリー、いちご、マスカット、オレンジ　各適量

作り方

1　やわらかくクリーム状にしたバター（かたいときは、
電子レンジで10秒ほど加熱）はボウルに入れて泡立て器で
まぜ、砂糖を加えてまぜ、卵を加えてさらにまぜる。

2　アーモンドプードルと米粉を加え、ゴムべらで粉っぽ
さがなくなるまでまぜる。生地をまとめてラップで包み、
冷蔵庫に30分程度入れる。

3　型にバター（分量外）を薄く塗って米粉（分量外）を軽く
振り、冷凍庫で冷やす。

4　2をとり出したらラップにのせ、上にもラップをかけ
てめん棒で5mm厚さくらいにのばし、4等分する。型に生
地を敷き、フォークで穴をあけ、180℃に予熱したオーブ
ンで15分焼く。

5　型からはずし、冷めたらカスタードクリーム（レンチン
カスタード参照）を入れ、フルーツやあればミントを飾る。

Point
型の高さに合わせて生地を敷き、底にフォークなどで穴をあけます。

レンチンカスタード

材料
A 卵　30〜35g
　牛乳　100ml
　砂糖　大さじ2
　米粉（さらさら系）　大さじ1
バニラエッセンス2〜3滴

作り方

1　耐熱容器にAを入れてよくまぜ
る。

2　ラップせずに電子レンジで1分
30秒加熱して泡立て器でよくまぜ、
さらに1分加熱してまぜ、バニラエッ
センスを加えてまぜる。容器にぴった
りとラップをして冷やす（保冷剤をの
せると早く冷える）。

Point
電子レンジで簡単にできるプルプルのカスタ
ード。生地で使用した卵の残りを使って作る
ため、生地とカスタードで卵1個あればOK
です。

ごまクッキー

ポリ袋に材料を入れて、シャカシャカまぜてのばしたら生地のでき上がり！

材料（直径3.5cm28個分）

米粉（さらさら系）
　　100g
米油　大さじ2
卵　1個
砂糖　小さじ2
塩　小さじ½
いり黒ごま
　　大さじ2

作り方

1　卵はとき、ポリ袋に材料を全部入れる。

2　袋の口をぎゅっとつかんで軽くシャカシャカと振る。材料全体がなじんだら、生地をひとつにまとめる。

3　袋のままめん棒でのばす。

Point
ポリ袋をL字に切って広げると、スムーズに型抜きができます。

4　12×24cm（5mm厚さ）に形をととのえて、袋から出す。

5　型抜きする。型がなければ包丁で3cm角ほどに切る。

6　クッキングシートに並べ、180℃に予熱したオーブンで10分焼く。

ショートブレッド

アーモンドプードルと米粉を合わせることでより香ばしく仕上がります。

材料（8本分）

バター（食塩不使用）
　　50g
砂糖　大さじ1
塩　小さじ¼
米粉（さらさら系）
　　70g
アーモンドプードル
　　30g

作り方

1　ボウルに室温でやわらかくしたバター、砂糖、塩を入れ、ゴムべらでよくまぜる。

2　砂糖がとけた感じになったら米粉とアーモンドプードルを入れ、ゴムべらで押しつけるようにまぜ、ひとつにまとめる。作業しにくい場合は手を使うと早い。

3　ラップで包み、8×16cm（2cm厚さ）にめん棒でのばし、2cm幅に8本切る。

4　表面に菜箸などで穴をあけ、クッキングシートを敷いた天板に並べ、160℃に予熱したオーブンで20分焼く。

Point
グルテンがないので、ゴムべらでボウルに押しつけるようにしながらまとめると、きれいにまとまります。

ちょっぴり
塩味

サクッ ホロッ
口の中でとろける

103

ちょっぴりほろ苦い大人の味
バレンタインに♥

ガトーショコラ

しっとり、ふんわり、なめらかな米粉のガトーショコラです。

材料（15cmの丸型1台分）

製菓用チョコレート　60g
バター（食塩不使用）　30g
卵黄　2個（40g）
グラニュー糖　30g
米粉（さらさら系）　15g
ココア（砂糖不使用）　5g
ラム酒　小さじ½

メレンゲ用

卵白　2個分（80g）
グラニュー糖　20g

作り方

1　ボウルにあらく刻んだチョコレートとバターを入れ、50℃の湯せんにかける。

2　別のボウルに卵黄を入れてほぐし、グラニュー糖を加えて白っぽくもったりするまで泡立て器でまぜる。

3　1がとけたら2に加え、全体をまぜる。

4　ラム酒、米粉、ココアを加え、粉っぽさがなくなるまでまぜる。

5　メレンゲを作る。別のボウルに卵白を入れ、グラニュー糖を4回程度に分けて加えながら角が立つまで泡立てる。

6　⅓量を4に加え、泡立て器で生地をすくい上げるようにまぜる。

7　さらに⅓量を加えて同じようにまぜ、最後は残ったメレンゲのほうに生地を入れ、泡立て器で生地をすくい上げ、落とすを繰り返す。全体がまざったらクッキングシートを敷いた型に流し入れる。

8　180℃に予熱したオーブンで25〜30分焼く。竹串を刺して何もつかなければ焼き上がり。

Point

米粉とココアを入れたら、粉っぽさがなくなり、なめらかになるまでしっかりまぜます。

しっとり
ふわふわ
ほどよいもっちり感

シフォンケーキ（プレーン）

牛乳なし

時間がたってもふんわり、しっとりしたシフォンケーキに、
米粉の軽いもっちり感が加わっておいしさ倍増！

材料（直径17cmのシフォン型1台分）

卵黄生地用
- 卵黄　3個(60g)
- グラニュー糖　30g
- 米油　35g
- 水　40ml
- 米粉（さらさら系）　75g
- ベーキングパウダー　小さじ1

メレンゲ用
- 卵白　4個分(160g)
- グラニュー糖　50g

作り方

1 卵黄生地を作る。ボウルに卵黄、グラニュー糖を入れ、泡立て器で白っぽくなるまでよくまぜる。米油を少しずつ加えてまぜ、さらに水を加えてまぜる。

2 米粉とベーキングパウダーを加え、少しねっとりするくらいまでまぜる。

3 メレンゲを作る。別のボウルに卵白を入れ、泡立て器でほぐし、グラニュー糖を加えて角がピンと立つまで泡立てる。

4 ⅓量を2に加え、泡立て器で生地をすくい上げるようにまぜる（生地をすくって泡立て器からトントンと落とすを繰り返す）。

5 さらに⅓量を加え、同じようにまぜ、最後は残ったメレンゲのほうに生地を入れ、泡立て器で生地をすくい上げ落とすを全体がまざり、生地につやが出るまで繰り返す。

6 シフォン型に流し入れ、菜箸などでぐるぐると2～3回まぜる。表面に十文字になるように筋目を入れ、170℃に予熱したオーブンで35～40分焼き、逆さにして完全に冷ます。

7 冷めたら型と生地の間にナイフを入れ、ぐるりと一周し、円筒部の周りも一周して逆さにし、型の側面をはずす。最後に型と底の間にナイフを入れて生地をはがす。

Point

米粉はふるわなくてもいいので、すぐに使えて便利。ひと手間省けます。

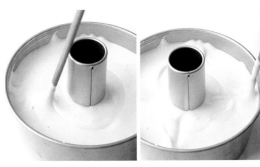

型に流し入れたら菜箸などを底まで刺し、ぐるぐると2～3回まぜてから、円筒部をはさんで十文字になるよう、表面に筋目を入れます。生地をならすようにテーブルに型の底をトントンと落とすのはNG。ふんわり仕上がらなくなります。

焼き上がったらすぐに、生地の重みで沈まないように逆さにして、型のまん中の部分をびんの口にさして3～4時間冷まします。

牛乳なし

シフォンケーキ（抹茶）

107ページの米粉の一部を
抹茶にかえるだけで、抹茶が香る
シフォンケーキに！

材料（直径17cmのシフォン型1台分）
107ページのプレーンの
米粉を以下に変更
米粉（さらさら系）　68g
抹茶　7g

作り方
107ページの**2**で抹茶も加えてまぜ、
同様に作る。

カップ入り
シフォンケーキ
（ミルクティー）

シフォン型がなくても、
カップケーキの焼き型が
あればOK。
卵1個で作る
カップシフォンです。

材料
（焼き菓子用紙カップ3個分）
卵黄生地用
　卵黄　1個（20g）
　グラニュー糖　10g
　米油　10g
　牛乳　10mℓ
　米粉（さらさら系）
　　25g
　ベーキングパウダー　小さじ⅓
　紅茶ティーバッグ　1個
メレンゲ用
　卵白　1個分（40g）
　グラニュー糖　10g

作り方
ティーバッグは中の葉を出し、
107ページの**2**で加えてまぜる。
5まで同様に作り、カップに入
れ、菜箸などでぐるぐると2〜
3回まぜ、表面に十文字になる
ように筋目を入れる。170℃に
予熱したオーブンで15分焼く。

Point
ふくらむので、生地はカップの八分目
くらいまで。

ベイクドチーズケーキ

米粉を使うと、なめらかに仕上がります。

材料(15×15cmの型1台分)
クリームチーズ　200g
生クリーム　200㎖
卵　100g
砂糖　30g
米粉(さらさら系)
　50g
レモン汁　大さじ2

作り方

1　クリームチーズはボウルに入れ、ゴムべらでなめらかにする(かたい場合は電子レンジで1分加熱するか、湯せんにかけてやわらかくする)。

2　砂糖、卵、生クリーム、米粉、レモン汁の順に加え、そのつどよくまぜる。

3　クッキングシートを敷いた型に流し入れ、180℃に予熱したオーブンで30分焼く。竹串を刺し、何もつかなければ焼き上がり。

4　あら熱がとれたら冷蔵庫で冷やす。
＊材料を半量にして厚みの薄いケーキにしてもOK。その場合、焼き時間は20分です。

Point

材料を1つ入れるたびにまぜ、よくまじってから次の材料を入れます(作り方2)。

米粉を入れると、穴があきにくく切り口がなめらかになります。ラッピングしてプレゼントにしても喜ばれます。

109

焼きドーナツ

チョコレートを使わない、ヘルシーな米粉ドーナツ。

材料(直径7cmの型12個分)

A 米粉(さらさら系) 100g
　ココア(砂糖不使用) 10g
　ベーキングパウダー 小さじ1½
　砂糖 大さじ2
B プレーンヨーグルト 50g
　卵 1個(50g)
　豆乳 50㎖
　米油 小さじ1
チョコ風ソース
　ココア(砂糖不使用) 大さじ2
　粉砂糖 大さじ1
　水 大さじ2弱

作り方

1 ボウルにAを入れてまぜる。さらに合わせたBを加え、さっくりとまぜる(まぜすぎないこと)。

2 型に薄く油(分量外)を塗り、生地をしぼり入れて180℃に予熱したオーブンで13分焼く。

3 チョコ風ソースの材料を合わせ、**2**が冷めたらかける。

Point

火が通るとかたくなるので、ゆるいくらいの生地を作るのがポイント。生地を入れたら、型を少し持ち上げてテーブルの上にトンと落とすを2〜3回行い、生地の表面を平らにします。

揚げドーナツ

卵なし　牛乳なし

卵、乳製品不使用!
最後にまぶす砂糖の量を少なめにして、シンプルな味を楽しみたい素朴なドーナツ。

材料(直径3〜4cm12個分)

A 米粉(さらさら系) 100g
　砂糖 大さじ2
　ベーキングパウダー 小さじ½
豆乳 60㎖
揚げ油 適量

作り方

1 ボウルにAを合わせ、よくまぜる。

2 豆乳を加え、ゴムべらで生地をまとめる。12等分にし、手で丸めて形を作る。

3 弱めの中火に熱した揚げ油で揚げる。

4 冷めたら砂糖(分量外)を入れたポリ袋に入れ、軽く振りながら砂糖をまぶす。

Point

中に火が通るまで、じっくり揚げましょう。丸めるときは、手に油をつけながら行うと、割れずにきれいにできます。

さっくり
もちもち
チョコ風ソースが濃厚！

カリッサクッ
素朴な味

ベリーマフィン

米粉は、小麦粉のようにふるわなくてもそのまま使えます。
ひと手間なくなるだけでとても楽！

材料（マフィンカップ6個分）

卵　1個（60g）
砂糖　大さじ3
米粉（さらさら系）　80g
ベーキングパウダー　小さじ1
米油　大さじ3
牛乳（または豆乳）　大さじ2
ミックスベリー（冷凍）　30g
クリームチーズ　30g

作り方

1 ボウルに卵、砂糖を入れ、泡立てるようによくまぜる。少しふんわりしてきたら、米粉とベーキングパウダーを入れさっくりとゴムべらでまぜる。

2 米油を3回に分けて加えまぜ、牛乳を加えまぜる。

3 紙カップを入れた型に流し入れ、ベリーとクリームチーズを散らし180℃に予熱したオーブンで18分焼く。

Point
さっくりとゴムべらでまぜますが（作り方1）、粘りが出ないので、まぜすぎてもかたくなりません。

こっくりした味を
紅茶とともに
楽しみたい

スコーン（プレーン）

米粉のスコーンは、生地を休める必要がありません。すぐに焼けます！

材料（直径5cm 8個分）

A 米粉（さらさら系） 150g
　ベーキングパウダー
　　小さじ1
　砂糖　大さじ1
　塩　ひとつまみ
バター（食塩不使用） 50g
（5mm角にして冷凍庫で
　冷やす）
卵1個＋牛乳　合わせて80g

作り方

1　ボウルにAを入れてよくまぜる。

2　よく冷やしたバターを加え、手でバターをつぶすようにしながら米粉となじませ、サラサラの状態にする。

3　卵と牛乳を合わせたものを2に加えて粉っぽさがなくなる程度にまとめる。

4　ラップを広げて3をおき、手のひらで押し、半分に切って重ねることを4〜5回繰り返す。

5　2cm厚さにのばして丸型でくりぬく（または包丁で切る）。クッキングシートを敷いた天板に並べる。※くりぬいて残った生地はひとつにまとめてのばし、くりぬく。べたつく場合は一度冷蔵庫に入れ冷やすと作業がしやすい。

6　表面に牛乳もしくは卵（分量外）をハケで塗り、180℃に予熱したオーブンで15分ほど焼く。

Point

手を使ってバターをつぶしながらまぜたほうが、早くサラサラになります（作り方2）。

113

濃厚でしっとり
リッチな味わい

ブラウニー

米粉のブラウニーは、濃厚でなめらか。
カットしたら、乾燥しないように1つずつラップしておきましょう。

材料(15×15cmの型 1 台分)

製菓用チョコレート　80g
バター（食塩不使用）　40g
砂糖　40g
卵　1個(50g)
米粉(さらさら系)　50g
ベーキングパウダー　小さじ½
バニラエッセンス　2〜3滴
くるみ　20g

作り方

1　刻んだチョコレートとバター、砂糖はボウルに入れ50℃の湯せんにかけてとかす。

2　ときほぐした卵、米粉、ベーキングパウダー、バニラエッセンスの順に加え、そのつど泡立て器でまぜる。

3　クッキングシートを敷いた型に流し入れ、あらく切ったくるみを散らし、180℃に予熱したオーブンで15分焼く。竹串を刺し何もつかなければ完成。

Point

粉っぽさがなくなり、つやが出るまでまぜます（作り方2）。

Point
ミニ型(6.5×14cm)だと…

2本作ることができます。焼き時間も短く、2〜3人の食べきりサイズで、プレゼントするのにもちょうどいい大きさ。

ねじりパイ

卵なし

米粉が入っているため、ねじっても切れにくい生地になっています。中央から端に向けてやさしくねじるときれいにできます。

材料(20本分)

米粉(さらさら系) 100g
バター(加塩) 70g
冷水 40㎖
グラニュー糖 適量
＊グラニュー糖は、ねじりパイのみに使用。

作り方

[下ごしらえ] バターは5mm角に切ってよく冷やす。水も冷凍庫で冷やす。

1 ボウルに米粉を入れてバターを加え、粉とバターがサラサラになるよう手でなじませる。冷水を一度に加え、スプーンでさっくりとまぜる。

2 ラップにおき、形をととのえてラップではさんでめん棒でのばす。三つ折りにしてのばすを4～5回繰り返してラップで包み、冷蔵庫で30分以上休ませる。

3 冷蔵庫から出し、三つ折りにしてめん棒でのばすを2回繰り返す。

4 12×20cm(5mm厚さ)にのばし全体にグラニュー糖を振る。1cm幅に切りねじる。

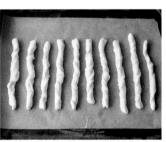

5 クッキングシートを敷いた天板に並べ、180℃に予熱したオーブンで13分焼く。

Point
米粉とバターがサラサラになるまでまぜます。グルテンがないので、サラサラになりやすく、失敗がありません。

アップルパイ
長方形の生地を二つ折りにして作るミニアップルパイです。

◎パイ生地
材料(4個分)
ねじりパイと同じ

作り方

1 ねじりパイの作り方4ののばすところまで同じ。

2 生地を4等分し、まん中に水けをきったりんごの甘煮をのせて二つに折る。端をフォークの先で押さえ、表面にとき卵(分量外)を塗る。180℃に予熱したオーブンで20分焼く。好みでシナモンを振る。

◎りんごの甘煮
材料(作りやすい分量)
りんご(薄切り) ½個分
砂糖 大さじ1
レモン汁 小さじ½
シナモン 少々

作り方
耐熱容器に材料を入れてラップし、電子レンジで2分加熱し、そのまま冷ます。

Point
表面にとき卵を塗って、つやを出します。

サクサク！
コクと甘みが広がる！

サクッとして
ジューシー

ロールケーキ

米粉の生地はしっとりしていて割れにくいので、初心者でもきれいに巻けます。
このページの生地で120ページのデコレーションケーキを作ることも！

材料(1 本分)

生地

- 卵　2個
- グラニュー糖　40g
- 米粉(さらさら系)　30g

生クリーム　50㎖
砂糖　小さじ1
いちご　5〜6個

作り方

1　卵黄と卵白は分ける。

2　卵白をほぐし、グラニュー糖を加えて泡立て器で角が立つまで泡立てる。

3　卵黄を加え、泡立て器を持ち上げトントンと生地を落とす。米粉を加え、同様に粉っぽさがなくなるまでこの作業を行う。

4　クッキングシートを敷いた天板に**3**を16×22㎝くらいに平らにのばし、190℃に予熱したオーブンで10分焼く。生クリームに砂糖を加え、泡立て器で角が立つまで泡立てる。

5　生地が焼き上がって冷めたらシートからはがし、巻き終わりの2㎝ほどを残して全体に生クリームを広げる。手前から3㎝ほどのところにいちごを並べ、手前から巻いていく。

6　ラップで包み、巻き終わりを下にして冷蔵庫に1時間ほどおいたらでき上がり。

Point

米粉の生地は巻いても割れにくいので、フルーツをたくさん入れてもOK。自分好みのロールケーキを作ってみてください。

ロールケーキのデコレーションケーキ

ロールケーキの生地を、くるくる巻いて米粉のケーキを作りましょう。
グルテンフリーのバースデーケーキです。

材料（直径15cmくらいのケーキ1台分）
118ページのロールケーキの生地　1枚分

生クリーム　200mℓ
砂糖　大さじ2
いちご　8〜10個

作り方

1 ロールケーキの生地の縦に長いほうの左右の端を切り、残りを3等分に切る。

2 生クリームに砂糖を加え、角が立つまで泡立てる。

3 2を1に塗り、切った端の部分は上にのせる。⅓をくるくる巻く。

4 3をまん中の生地にのせて巻き、さらに残りの生地にのせて巻く。

5 全部巻き終わったら、横に倒す。

6 生地が見えないように2を全体に塗る。ここでいったん冷蔵庫に15分入れて、生クリームを引き締める。

7 2をしぼり袋に入れて、上をデコレーションする。

8 半分に切ったいちごを上にのせ、側面にも生クリームをしぼってデコレーションする。

切り口は、生クリームを間にはさんだ縦の層になります。

甘さ控えめで少し弾力のある
ふわっ ふわ
のケーキです

もっちり
口に入れると
さらり

米粉ムース

卵なし

米粉を入れて、もっちりとした食感をプラス。味わい豊かなムースになりました。

材料(カップ4個分)

A牛乳　200㎖
　米粉(もったり系)　大さじ2
　砂糖　大さじ4

粉ゼラチン　5g(水大さじ2でふやかす)
生クリーム　100㎖

作り方

1　耐熱容器にAを入れ、よくまぜる。

2　ラップをせずに電子レンジで2分加熱し、よくまぜてさらに2分加熱する。あたたかいうちにふやかしておいたゼラチンを加えてまぜ、耐熱容器ごと氷水に当て冷やす。

3　別のボウルに生クリームを入れ、もったりとするまで泡立てる(七〜八分立て)。

4　2が冷めたら3を合わせ、器に入れて冷やし固める。あればミントの葉を飾る。

Point

あたたかいうちに、ふやかしたゼラチンをとかしてまぜ合わせます。

むちむち
ぷるん
ぷるん

米粉でレンチンわらびもち

卵なし　牛乳なし

米粉を使うと、むっちり感がアップ。
冷やしてもかたくならないので、冷蔵庫で保存できます。

材料(2〜3人分)
A米粉(もったり系)　50g
　水　150㎖
　砂糖　大さじ1
きな粉(砂糖、塩各少々をまぜる)
　適量
黒みつ　適宜

作り方

1　耐熱容器にAを入れ、よくまぜ、ラップをせずに電子レンジで2分加熱する。

2　ゴムべらでよくまぜ、さらに1分30秒加熱する。ゴムべらでこねるように1〜2分しっかりとまぜる。

3　あら熱がとれたらラップなどで包み、2㎝厚さ程度にし、冷蔵庫で冷やす。

4　食べやすい大きさに切り、きな粉をまぶす。器に盛り、好みで黒みつをかける。

Point
ラップで包んでから、厚さを2㎝程度にととのえます。べたついているので、ラップを使うとラク!

サラッとした
たれがだんごによく合う！

みたらしだんご

卵なし　牛乳なし

白玉粉のかわりに米粉を使うと、白玉粉よりも粘度が少ないためまぜやすくなります。

材料(2人分)
米粉(もったり系)　50g
水　100㎖
砂糖　小さじ1

たれ(作りやすい分量)
水　大さじ3
砂糖　大さじ1
しょうゆ　大さじ1
米粉(もったり系)
　小さじ1

作り方

1　耐熱ボウルに米粉、水、砂糖を入れてよくまぜ、ラップをせずに電子レンジで1分加熱し、ゴムべらでまぜる。さらに1分加熱したら、ゴムべらでまぜ、あら熱をとる。

2　手に水をつけ、1を10等分して丸め、フッ素樹脂加工のフライパンでこんがりと焼き、器に盛る。

3　たれの材料を耐熱容器に入れ、電子レンジで1分30秒加熱してよくまぜ、さらに1分加熱してまぜ、2に回しかける。

Point
二度に分けて電子レンジで加熱しまぜることで(作り方1)、全体を均一になじませることができ、加熱のむらもなくなります。

ごま焼きだんご

白玉粉を使用すると粒が大きいので、つぶしながらまぜる
手間がかかりますが、米粉ならその手間がなくて時短に！

材料（6個分）
米粉（もったり系）　60g
砂糖　小さじ2
水　50㎖
いり黒ごま　大さじ1
あんこ（市販のもの）　60g
米油　適量

作り方

1　ボウルに米粉、砂糖、水を入れて
まぜる。

2　ごまを加えてまぜる。

3　生地を6等分して丸め、押してぺ
たんこにする。あんこを10gずつ丸め、
生地の中心において包む。上下を押し
ながら平たい丸の形を作る。

4　両面にごま（分量外）をつけて油を
引いたフライパンで両面焼く。

Point
米粉は白玉粉のように手間がかか
らず、まぜたらすぐになじみます。

もちっとして
香ばしい！

米粉もちしるこ

白玉粉で作る生地は、冷めたらかたくなりますが、
米粉の生地は冷めてもかたくならないので、あわてて作業しなくても大丈夫です。

材料(2人分)

A 米粉(もったり系)　50g
｜水　100mℓ
こしあん(市販)　80g

作り方

1　耐熱容器にAを入れ、よくまぜる。ラップをせずに電子レンジで
1分加熱し、全体をゴムべらでまぜる。さらに1分加熱し、あら熱を
とる。

2　10等分し、丸める。

3　鍋にあんこ、水300mℓ(量は好みで調整する)を入れてあたため、
2を入れる。2～3分煮て器に盛る。

Point

表面がきれいに見えるように、折
り込みながら丸めます。べたつく
ので、手に水をつけながら丸めま
す。

ふんわり もちもち

冷めても やわらかい

フライパン桜もち

牛乳なし

白玉粉のかわりに米粉を使用。
白玉粉は粒が大きいため、水分と合わせたときになじむのに時間がかかります。

材料(6 個分)
卵　1個(60g)
水　50㎖
砂糖　大さじ1
米粉(もったり系)　20g
食紅　付属のスプーン
　　½程度
あんこ(市販品)　適量
桜の葉の塩漬け　6枚

作り方

1　卵はボウルに入れてよくときほぐし、水、砂糖を加えてまぜる。
※きれいに仕上げる場合は、ここでざるでこすとよい。

2　食紅を加えてまぜ、米粉を加え、よくまぜる。

3　熱したフライパンに米油(分量外)を薄く引き、弱火にして2を楕円形にのばし、両面焼く。

4　丸めたあんこを包み、桜の葉で巻く。

Point
焼くときは弱火で。米粉は、時間がたつと色が沈んで見えるので、ピンクがオレンジっぽく見えることがあります。食紅の量を少なめにしてみてください。

沼津りえ　*Rie Numazu*

管理栄養士、調理師、料理教室「COOK会」主宰。
東京・阿佐ヶ谷を中心に、多くの料理教室を開催。バラエティー豊かで楽しいレッスンが好評で、教室はいつも盛況。シンプルで食材のうまみを引き出すおしゃれなレシピに定評があり、新聞・雑誌・テレビなどのメディアでも精力的に活動中。企業向けの米粉レシピ開発に携わったのを機に、米粉の奥深さを再認識し、米粉の魅力も発信し続けている。『野菜まるごと冷凍レシピ』『55分で焼きたてパン』（ともに主婦の友社）、『パン&サンドイッチ』（永岡書店）など著書多数。

ホームページ
http://riecookcookcook.jp/
Instagram@rienumadu
YouTube　管理栄養士 沼津りえの「阿佐ヶ谷夫婦チャンネル」

STAFF

装丁・本文デザイン／太田玄絵
撮影／佐山裕子（主婦の友社）
スタイリング／伊藤みき
料理アシスタント／小西君枝、新屋有美、木村瀬怜奈、沼津そうる
編集／中野明子（ＢＢＩ）
編集担当／山田萌絵、町野慶美（主婦の友社）

撮影協力／UTUWA

米粉があれば！
パンもおかずもおやつも極上

2023年3月31日　第1刷発行

著　者　沼津りえ
発行者　平野健一
発行所　株式会社主婦の友社
　　　　〒141-0021　東京都品川区上大崎3-1-1　目黒セントラルスクエア
　　　　電話　03-5280-7537（編集）
　　　　　　　03-5280-7551（販売）
印刷所　大日本印刷株式会社
©Rie Numazu 2023 Printed in Japan
ISBN978-4-07-453693-1

■本書の内容に関するお問い合わせ、また、印刷・製本など製造上の不良がございましたら、
　主婦の友社（電話03-5280-7537）にご連絡ください。
■主婦の友社が発行する書籍・ムックのご注文は、お近くの書店か主婦の友社コールセンター（電話0120-916-892）まで。
＊お問い合わせ受付時間　月〜金（祝日を除く）9:30〜17:30
主婦の友社ホームページ　https://shufunotomo.co.jp/